Agatha Müller

So wird dein Leben l(i)ebenswert!

…Liebe
…Mitgefühl
…Vergebung
…Verständnis
…Dankbarkeit
…Wertschätzung

Bibliografische Information der Deutschen Nationalbibliothek: Die Deutsche Nationalbibliothek verzeichnet diese Publikation in der Deutschen Nationalbibliografie, detaillierte bibliografische Daten sind im Internet über dnb.dnb.de abrufbar.

TWENTYSIX

Eine Marke von Books on Demand GmbH

© 2021 Agatha Müller

Herstellung und Verlag:
BoD – Books on Demand, Norderstedt

ISBN: 9 783740780142

Agatha Müller

So wird dein Leben l(i)ebenswert

...Liebe

...Mitgefühl

...Vergebung

...Verständnis

...Dankbarkeit

...Wertschätzung

Inhaltsverzeichnis

Vorwort	9
Dankbarkeit	11
Mit voller Kraft voraus.....................................	12
...durch den Körper reisen................................	16
...Menschen begegnen.....................................	19
...quer durch die Natur.....................................	22
...und weiter zur Arbeit.....................................	24
...durch den Schmerz hindurch........................	27
...und alles loslassen.......................................	34
...den Blick wenden...	36
...in die Fülle gehen...	38
...geistige Helfer zu Hilfe bitten........................	39
...einen neuen Tag beginnen............................	40
...für unsere Kinder sorgen..............................	42
...Geschenke geben und nehmen....................	44
...Formen der Dankbarkeit finden.....................	48
...und mit den Folgen leben.............................	50
Liebe..	53
Kopfsprung ins Herz..	54
...weiterschwingen in hohe Sphären.................	56
...ins Reich der Bedingungslosigkeit gelangen......	61
... sich in der Liebe verirren.............................	67
...vorbei am Egoismus.....................................	70
...die Liebe großzügig verteilen........................	71
...unser Kind liebkosen....................................	75

...uns im Spiegel betrachten............................ 81
...unseren Körper als Partner sehen..................... 87
...an der Leistungsschiene vorbei........................ 91
...in die Liebe des Partners kommen.................... 96
...die Angst links liegen lassen........................... 99
...der mächtigen Liebe begegnen...................... 106

Mitgefühl.. 107

In die Gefühle tauchen...................................... 108
...im Mitgefühl baden.. 111
...auf Augenhöhe bleiben................................... 116
...die Spuren nachvollziehen 117
...durch das Leid schwimmen............................. 121
...am Nichtschwimmerbecken vorbei.................... 127

Wertschätzung... 131

In die Artenvielfalt eintauchen............................ 132
...sich entfalten lassen...................................... 134
...Einzigartiges verschenken.............................. 138
...in der Zeit verweilen..................................... 140
...sich von „Muttermilch" ernähren...................... 141
...in die eigenen Sphären reisen......................... 144
...Altes nicht rosten lassen................................ 146
...auf kleine Dinge achten 149

Vergebung..151

Brücken bauen... 152
...den Weg frei machen..................................... 155
...in der Bedeutung verweilen............................ 158

...am Geschehen teilnehmen............................ 159
...über die eigene Brücke gehen...................... 163
...Verletzungen anschauen.............................163

Verständnis... 168

In einem Teil des Ganzen................................168
...stecken viele Vorurteile............................... 171
...die wir erkennend verstehen........................ 173
...und manchmal nicht hören (wollen)................ 176
...uns dem Allmächtigen zuwenden.................... 179
...und die Vielfalt erkennen............................. 181

Schlusswort.. 189

Quellenverzeichnis......................................190

Weitere Bücher der Autorin...........................191

Eigene Notizen des Lesers..........................199

Vorwort

Ein Bekannter sagte einmal zu mir: „Menschen müssen immer funktionieren. Mir ist es viel lieber, wenn sie in ihrer Funktion menschlich sind."

In unserer wettbewerbsorientierten Gesellschaft und der zunehmend technisierten Welt geht es vor allem darum, dass wir funktionieren, egal unter welchen Umständen. Die Menschlichkeit bleibt da oft auf der Strecke. Und doch ist sie die Grundlage unseres Menschseins. Sie ist die Grundeigenschaft des Menschen und unterscheidet uns von den Robotern und Computern. Ich glaube, dass es höchste Zeit ist, in uns all das zu stärken, was unser Menschsein ausmacht.

Deshalb schreibe ich über Dankbarkeit, Liebe, Mitgefühl, Wertschätzung, Vergebung und Verständnis, und hoffe, dass ich das Herz einiger Menschen damit berühren und stärken kann. Und vielleicht ermuntert es den einen oder anderen, manchmal auch Regeln zu brechen oder Grenzen zu überschreiten, wenn unser Gegenüber ein Lächeln oder eine Umarmung braucht. Wir sind Menschen mit Körper, Seele und Geist.

Wir sollten uns auf die Dinge konzentrieren, die wir wirklich brauchen und die uns gut tun. Wenn wir in einem Menschen etwas Schönes erblicken, sollten wir es ihm sagen. Für uns dauert es nur einen Augenblick, für ihn kann es ein Leben lang wichtig sein.

Ich wünsche mir, dass die Leser und Leserinnen dieses Buches an Dankbarkeit, Verständnis, Wertschätzung und Mitgefühl dazugewinnen und ihre Liebe so stark wird, dass sie allen vergeben können. Je mehr Menschen diese Einstellung bekommen, desto menschlicher wird die Welt.

Agatha Müller

PS:
Der leichteren Lesbarkeit wegen verwende ich im Text überwiegend die männliche Form, wenn beide Geschlechter gemeint sind.

Mit voller Kraft voraus …

Es war Frühjahr, als in Deutschland die Corona-Pandemie ankam und ein erster Lockdown verhängt wurde. Von heute auf morgen veränderte sich gezwungenermaßen mein Alltag. Ich durfte meine Arbeit nicht mehr ausüben, durfte meine Freunde nicht mehr sehen und das öffentliche Leben war fast vollständig stillgelegt. Hinzu kam noch, dass ich Risikopatientin war. Das war alles ein bisschen viel auf einmal. Wie sollte es weitergehen? Wie sollte ich meine Miete bezahlen, wenn ich nichts mehr verdiente? Mir fehlten die Kinder, mir fehlte mein Beruf, meine Freunde. Es tauchten viele Fragen und Sorgen auf. Das Alleinsein und das nicht wissen, wie lange das Ganze geht und was danach sein wird, ließen mich ein paar Wochen später beinahe in eine Depression fallen.

Da ich nun genügend Zeit hatte, fing ich an, viel in der Natur spazieren zu gehen und stellte fest, dass der Lockdown der Natur gut tat. Sie erholte sich sehr schnell. Das war ein Anlass für mich, zu danken. Ich dankte Gott für die Natur und dafür, dass ich in der schönen Natur sein durfte. Nach und nach fing ich an, Gott für alles zu danken, was ich momentan habe. Ich kaufte mir ein kleines Notizbüchlein und notierte jeden Abend vor dem Schlafengehen alles, für was ich Gott an diesem Tag dankbar war. Und – egal wie schlecht es mir ging – ich fand jeden Tag etwas, für das ich Gott danken konnte. Und nach und nach ging es mir wieder besser. Ich durfte die Erfahrung machen, dass danken heilt.

Dann kam Ostern. All die Jahre zuvor besuchte ich an Ostern den Auferstehungsgottesdienst und fuhr danach zu meinen Geschwistern, um das Osterfest zu feiern. Dieses Jahr war alles anders. Es gab keinen Auferstehungsgottesdienst, die Kirchen waren geschlossen und die Familienfeier fand auch nicht statt. So saß ich auch die Ostertage allein zuhause. Plötzlich hatte ich den Impuls, ein Gedicht über die ganze Situation zu schreiben.

Im Danken liegt die Kraft

Probier's in dieser schweren Zeit
doch einfach mal mit Dankbarkeit.
Sei dankbar für die viele freie Zeit,
kein Stress, keine Hektik weit und breit.
Du hast nun Zeit, den Keller aufzuräumen
oder einfach vor dich hinzuträumen,
den Zaun oder Mixer zu reparieren

und ein neues Rezept auszuprobieren.
Du kannst dir einen Pullover stricken
oder deine Lieblingssocken flicken.
Du kannst nun in Ruhe meditieren
oder die Gänseblümchen probieren.
Es ist Frühling, die Natur erwacht,
geh hinaus und schau wie schön sie lacht.
Sie freut sich, denn ihr tut Corona gut.
Genieße sie und verlier' nicht den Mut.
Frühling ist doch die schönste Zeit,
blühendes Leben weit und breit.
Der Himmel hat wieder ein schönes Blau,
klares Wasser fließt in den Flüssen – schau!
Die Fische im Wasser freuen sich sehr
und in der Luft ist kein Flugzeuglärm mehr,
die Vöglein zwitschern fröhlich dahin
und sagen: „Wie glücklich ich doch bin."
Ein paar Wochen Stillstand in der Welt
Ach, wie gut das der Natur gefällt.
Erfreue dich an der schönen Natur,
geh ganz schnell hinaus und atme sie pur.
Lauf durch den Wald, beweg dich und singe
und danke Gott für all diese Dinge,
für Blumen, Gräser, Kräuter und Kleen,

für die herrlichen Bäche und Seen.
Die Natur tut dir gut und gibt dir Kraft,
bald fließt in dir ein neuer Lebenssaft.
Du findest deine Mitte wieder
und singst bald lauter Dankeslieder.

In der Stille kannst du in dich gehen
und ganz tief in dein Herz hineinsehen.
Es kann dich in dieser Welt gut führen,
du musst da nur ganz fest hineinspüren,
fragen, ob dein Leben, das du gelebt,
das ist, was in deinem Innern dir schwebt.
Vielleicht bist du zu was anderem berufen
und willst dir in Zukunft was Neues suchen,
ein Beruf, ein Leben, das dich ganz erfüllt
und auch alle deine Bedürfnisse stillt.
Bleib im Göttlichen, das dich umhüllt
und das dir deine Wünsche erfüllt.
Du kannst dein Leben ändern, jederzeit.
Sprich einfach: „Ja, ich bin dazu bereit!"

Agatha Müller, 10.04.2020

Das Schreiben dieses Gedichtes gab mir Kraft und ich spürte: Im Danken liegt die Kraft. Deshalb wählte ich für das Gedicht auch diese Überschrift. Dankbarkeit ist im Leben so wichtig, auch oder gerade in schweren Zeiten.

… durch den Körper reisen

Meist sind wir uns gar nicht bewusst, was wir täglich alles geschenkt bekommen: Wir dürfen hier auf dieser Erde leben, dürfen jeden Morgen aufstehen, bekommen nach jeder Nacht einen neuen Tag mit neuen Chancen geschenkt. Wir bekommen Nahrung und Luft zum Atmen. Das ist alles nicht selbstverständlich. Spätestens wenn bei mir die Bronchien zugehen und ein Asthmaanfall sich anbahnt, erinnere ich mich daran, dass es nicht selbstverständlich ist, dass ich Luft bekomme. Atmen ist so kostbar, ist lebensnotwendig. Ich stand schon ein paar Mal ganz nah an der Schwelle zum Tod. Ich weiß, wie es ist, wenn die Luft weniger wird, wenn der Tod nahesteht. Bei einem schweren Asthmaanfall ist es so ein erlösendes Gefühl, wenn durch die Injektion von Cortison das Atmen plötzlich wieder funktioniert. Es ist ein herrliches Gefühl. Man lebt wieder. Auch wenn Cortison viele Nebenwirkungen hat und mit Vorsicht eingenommen werden soll, so ist es doch momentan das einzige Mittel, dass bei einem schweren Asthmaanfall hilft. Deshalb bin ich für dieses Medikament dankbar.

Wenn wir gerade beim Atem sind: In der modernen Lebensweise mit Stress und Hektik gewöhnen wir uns oft eine schnelle und flache Atmung an, die auf Dauer der Gesundheit nicht förderlich ist. Werden wir uns doch einmal unseres Atems bewusst. Was geschieht, wenn wir mit einer tiefen Bauchatmung langsam und ruhig atmen? Der Stress nimmt ab, wir werden ruhiger und entspannter und der Körper wird mit mehr Sauerstoff versorgt. Durch die Bauchatmung sind wir mehr bei uns und können besser in uns einfühlen. Bei jeder Meditation beginnen wir mit bewusstem Atmen, um in unsere Mitte zu kommen. Wir können auch gezielt in einen Schmerz hinein atmen. Er kann sich dadurch auflösen oder zumindest in der Intensität geringer werden. Der Atem ist das Lebenselixier überhaupt. Es lohnt sich, dafür dankbar zu sein.

Kommen wir von der Bauchatmung zum Bauchgefühl. Samuel Koch, der bei der Sendung „Wetten dass…?" schwer verunglückte und nun querschnittsgelähmt ist, sagte später: „Hätte ich nur auf mein Bauchgefühl gehört. Es hatte sich gegen den

Auftritt in der Schau entschieden." Er spürte damals, dass er es nicht hätte machen sollen. Sein Leben hat sich nach dem Unfall grundlegend geändert. Ein junger Mann mit agilem Körper ist nun in seinem Körper gefangen, wie er es selbst bezeichnet. Das ist sehr schwer. Trotzdem verzweifelt er nicht. Samuel hat großes Gottvertrauen, das ihm Kraft gibt. Er hat in die neue Situation hineingefunden und ist Gott noch näher gekommen. Er ist dankbar, sehr dankbar für alles im jetzigen Leben. Schon im Krankenhaus war er dankbar, dass an seinem Bett jemand saß, denn er sah, dass der Stuhl am Nachbarbett leer war. Wie viel mehr können wir doch dankbar sein, die wir unseren Körper, unsere Arme und Beine bewegen, laufen und springen können. Die Füße tragen uns, die Hände leisten uns Dienste beim Essen, Trinken, Anziehen, Arbeiten und noch bei vielem mehr. Das müssen wir uns immer wieder bewusst machen und dankbar dafür sein.

Spätestens wenn mir ein Mensch mit langem Stock und Blindenbinde am Arm begegnet oder ich einen Taubstummen sehe, wird mir wieder bewusst, welch kostbarer Schatz es ist, mit meinen Augen sehen, mit meinen Ohren hören und mit meinem Mund sprechen zu können. Auch für all die anderen Körperteile müssen wir dankbar sein: der Magen, der die Nahrung verdaut, die Haut, die die Wunden schließt, das Herz, das das Blut pumpt, die Nase, die uns riechen lässt – um nur ein paar Dinge zu nennen. Manchmal nehmen wir den Körper erst wahr, wenn er sich meldet, wenn wir Kopf- oder Magenschmerzen haben oder unser Bein weh tut. Es ist wichtig, unserem wertvollen Körper zu danken, ihn zu schätzen und liebevoll zu behandeln.

... Menschen begegnen

Gehen wir weiter zu unserer Kindheit. Manche von uns denken bestimmt, dass alles besser wäre, wenn die Eltern sie anders erzogen hätten, wenn sie ihnen mehr Liebe gegeben hätten, sie nicht geschlagen hätten, ihnen mehr Freiheit gelassen hätten, usw. Sie geben ihren Eltern die Schuld daran, dass sie so sind wie sie jetzt sind. Natürlich spielt die Erziehung eine große Rolle, wie sich ein Kind entwickelt, welche Einstellung ein Kind bekommt, usw. Aber sind unsere Eltern wirklich schuld? Sie haben uns das Leben geschenkt. Ohne sie wären wir nicht hier auf dieser Erde. Schon das ist ein Grund zu danken. Auch wenn sie in unseren Augen nicht die idealen Eltern waren, so haben sie doch ihr Bestes getan. Mehr war ihnen nicht möglich. Sie wussten und konnten es nicht anders. Sie haben uns aufgezogen, versorgt, gepflegt, für uns gekocht, unser Wäsche gewaschen, uns in den Arm genommen, uns getröstet, mit uns gespielt. Vielleicht haben sie all das auch nicht gemacht. Vielleicht hat uns unsere Mutter nach der Geburt weggegeben. Aber sie wollte damit sicherlich nur unser Bestes. Sie konnte damals nicht anders handeln. Vorwürfe machen ist nicht der richtige Weg. Wenn wir uns mit unseren Eltern aussöhnen, schaffen wir es vielleicht sogar, ihnen zu danken für das, was sie uns Gutes getan haben. Auch wenn sie schon lange nicht mehr unter uns weilen, können wir ihnen immer noch im Nachhinein unseren Dank aussprechen.

Es liegt nun an uns, so zu werden, wie wir gerne sein möchten. Manchmal dauert das ein bisschen, weil wir z. B. zu spät angefangen haben zu suchen, zuerst den falschen Weg gegangen sind oder zwar den richtigen Weg gehabt haben, aber unsere Seele noch nicht so weit war. Wenn wir dann viele Jahre später denselben Weg noch einmal beschreiten oder auch einen anderen Weg gehen und damit Erfolg haben, dann machen wir uns oft Selbstvorwürfe wie z. B.: „Warum war ich so blöd? Warum bin ich da nicht früher drauf gekommen? Warum habe ich das so lange mit mir machen lassen? Jetzt habe ich zwanzig Jahre gebraucht, um zu erkennen, wie ich meine Angst wegbekomme!", usw. Es hilft nicht, sich Vorwürfe zu machen. Das ist nur Zeit- und Energieverschwendung. Wir kommen auf diese Art kein bisschen weiter. Als Kind konnten wir uns nicht anders verhalten, denn wir mussten uns schützen. Deshalb haben wir die Schutzmaßnahmen entwickelt, die uns im jetzigen Leben allerdings nicht mehr nützlich sind, die uns sogar am Leben hindern. Auch wenn wir lange gebraucht haben, dies zu erkennen, dürfen wir froh und dankbar sein, dass wir es jetzt erkannt haben. Wir dürfen auch unserem inneren Kind danken, dass es sich damals so verhalten hat, denn sonst hätte es vielleicht gar nicht überlebt.

Danken wir auch unseren Mitmenschen, einfach für ihr Dasein. Ohne sie wäre auch für uns ein Leben nicht möglich. Der Mensch ist ein soziales Wesen und braucht die Gemeinschaft. Er braucht ein Lächeln, ein liebes Wort, ein nettes Gespräch, eine freundliche Geste, eine Berührung, ein gemeinsames Spiel, ein frohes Arbeiten und vieles mehr.

Auch unsere Freunde und Geschwister dürfen wir nicht vergessen. Sie sind sehr wichtig im Leben. Freunde erfüllen unser Leben, nehmen uns unsere Einsamkeit. Sie sind für uns da, auch in der Not, sofern es echte Freunde sind. Freunde sagen uns ihre ehrliche Meinung. Auf Freunde können wir uns verlassen. Geschwister sind aus den gleichen Eltern hervorgegangen. Sie geben uns ein gewisses Verbundenheits- oder Ursprungsgefühl. Danken wir auch für all die netten Begegnungen, die wir erfahren dürfen, für ein gutes Buch, ein nettes Gespräch.

Es ist überhaupt nicht selbstverständlich, dass wir all das haben. Deshalb ist es wichtig, sich immer wieder für diese Dinge zu bedanken. Durch Danken lernen wir, die positiven Dinge zu sehen und die Dinge, die wir haben, zu schätzen.

… quer durch die Natur

Gehen wir in die Natur. Es ist so schön, nach einem steilen Aufstieg oben am Gipfel zu stehen, den Blick in die Ferne über Dörfer und Landschaften schweben zu lassen. Dort oben sind wir Gott ganz nahe. Wie schön ist es, in einem See zu schwimmen, im Meer die Wellen mit einer leichten Prise Wind zu beobachten oder frisches Wasser aus einer Quelle zu trinken. Wie gut tut es, im Winter auf den Skiern über die Landschaft zu laufen oder den Berg herunterzufahren. Die Natur hat alles, was wir brauchen und sie gibt es uns. Deshalb hat sie großen

Dank verdient. Sie sorgt für uns wie eine Mutter für ihr Kind. Sie gibt uns unsere Nahrung: Pflanzen, Gemüse, Obst, Beeren, Kräuter. Die Bäume spenden uns Schatten und geben uns Sauerstoff, indem sie durch die Photosynthese Kohlendioxid in Sauerstoff umwandeln. Die Blumen duften und erfreuen uns. Sie geben den Bienen Blütenstaub. Wie schön ist es, wenn an einem trüben Tag ein Sonnenschein das Gemüt erhellt. Wie erfrischend ist es, wenn nach Hitzetagen die Wolken sich öffnen und Regen herunterprasselt. Und wie wunderschön ist ein Regenbogen und andere Naturerscheinungen. Sie erfreuen unser Herz. Die Erde ist die Mutter allen Lebens, der Pflanzen, der Tiere und des Menschen. Und die Natur ist unser großer Helfer und Lehrmeister. Sie zeigt uns unser Tempo, wir lernen unsere Ressourcen besser kennen und werden achtsam. Die Natur lehrt uns Respekt und erdet uns. Seien wir dankbar, dass wir hier auf dieser Erde leben dürfen.

Die Natur ist auch der Lebensraum für die Tiere. Sie unterstützen und helfen uns. Welche Freude bringen uns die schon am frühen Morgen zwitschernden Vögel, die Pferde, auf denen wir durch die Landschaft reiten dürfen und die Katzen, die uns Liebe geben und unsere Einsamkeit viel erträglicher machen. Wie nützlich sind die Hunde, die blinde Menschen führen; Delphine, die Kindern helfen, wieder ins Leben zu kommen. Kühe geben uns Milch, aus der wir dann Butter, Käse und andere Produkte herstellen können. Die Bienen versorgen uns mit süßem Honig und die Regenwürmer lockern den Boden auf, damit die Pflanzen gedeihen können. Wie schön ist es, eine Muschel ans Ohr zu halten und den Geräuschen des Meeres zu lauschen. Meerschweinchen und Hasen gehen in Altersheime, um sich streicheln zu lassen und damit den alten Menschen etwas fürs Herz zu geben. Danken wir ihnen und allen anderen Tieren, die auf dieser Erde sind. Jedes Tier hat seinen Sinn und seine Aufgabe.

… und weiter zur Arbeit

Auch wir haben unsere Aufgaben im Leben. Haben wir schon einmal überlegt, ob die Arbeit, die wir jeden Tag erledigen, das ist, was unser Herz wirklich machen will? Gehen wir gerne zur Arbeit oder müssen wir uns jeden Morgen zwingen, dorthin zu gehen? Machen wir die Arbeit etwa nur, um Geld zu verdienen? Wenn dem so ist, dann kann auch keine Dankbarkeit aufkommen, denn wir arbeiten im falschen Beruf. Wir haben nicht die Arbeit, die für uns bestimmt ist, in der unsere Begabung aufgeht. Wenn wir in uns hineinhorchen, merken wir, welche Arbeit uns mehr liegt, welche Arbeit uns erfüllt. Wir können etwas Neues suchen, uns danach dankbar von der bisherigen Arbeitsstelle verabschieden und einer Tätigkeit nachgehen, die uns wirklich erfüllt. Durch Dankbarkeit können wir erfahren, was unser Herz wirklich will, welcher Beruf unsere Berufung ist.

Als ich vor der Berufswahl stand, wusste ich genau, was ich machen wollte. Ich spürte es. Doch meine Eltern waren mit meiner Berufswahl überhaupt nicht einverstanden. Ich hörte auf sie und arbeitete so zehn Jahre im falschen Beruf. Ich fühlte mich dort nie wohl. Zudem hatte ich jahrelang unter Mobbing zu leiden. Irgendwann brach ich zusammen. Damals war es mir nicht möglich, dankbar zu sein. Doch im Nachhinein bin ich dankbar, denn ohne das Mobbing hätte ich nie den Mut gehabt, meinen Beruf zu wechseln. Ich hätte wahrscheinlich bis an mein Lebensende im falschen Beruf gearbeitet. Als ich mich nach einiger Zeit vom Mobbing wieder erholt hatte, fing ich an, mir eine eigene Existenz aufzubauen, in einem anderen Beruf. Das war nicht leicht. Ich hatte große Durststrecken und keinerlei Unterstützung. Aber ich ging einfach meinen Weg und machte das, was ich schon immer wollte, nämlich mit Kindern zu arbeiten. Ich gebe den Kindern ganz viel von mir, aber ich bekomme auch ganz viel von ihnen zurück. Den Kindern geht es gut, wenn ich mit ihnen arbeite und mir geht es auch gut. Geben und Nehmen sind im Ausgleich und dafür bin ich dankbar.

Es ist ein großer Unterschied, ob wir eine Tätigkeit mit Freude und Hingabe machen oder ob wir ständig auf die Uhr schauen und auf den Feierabend warten. Wenn uns eine Arbeit keinerlei Spaß macht, können wir nicht in die Dankbarkeit kommen. Wenn wir uns aber auf die Arbeit, auf unsere Kollegen und Kolleginnen, auf die Kinder oder die Alten – je nach Beruf – freuen, dann geht der Tag schnell vorbei, manchmal sogar zu schnell. Je nach Beruf sind wir abends vielleicht erschöpft, aber dennoch glücklich. Wenn der Beruf Berufung ist, dann sehen wir es nicht als Arbeit, sondern als Bereicherung.

Eine Altenpflegerin erzählte mir, dass die Altenpflege oft sehr schwer sei, aber dass es ihr so gut tue, wenn die alten Menschen sie dankbar anlächeln. Da gehe ihr das Herz auf. Diese Frau sieht die alten, pflegebedürftigen Menschen nicht als Last, sondern pflegt sie gerne. Sie spricht mit ihnen und lässt sie von alten Zeiten erzählen. Vor allem schaut sie ihnen ins Gesicht und achtet auf deren Reaktionen. Ein Lächeln sieht man nur, wenn man die Menschen anschaut. Meine Mutter konnte, bedingt durch einen Schlaganfall im Sprachzentrum, die letzten Monate ihres Lebens nicht mehr sprechen und war ein Vollpflegefall. Aber sie konnte noch lächeln und sie war so dankbar für alles, was wir für sie taten.

Wir bekommen so viel Anerkennung, wenn wir offen dafür sind. Wenn wir mit der richtigen Einstellung jemandem helfen oder auch unsere Arbeit – egal welcher Art - tun, dann macht uns das glücklich. Auch das ist wiederum ein Grund, dankbar zu sein. Dennoch ist es wichtig, Grenzen zu ziehen, nicht zu sehr ins Helfersyndrom zu fallen, sich selbst nicht ganz zu vergessen und sich nicht ausnutzen zu lassen, sich immer zu fragen: „Was und wie viel davon tut mir gut? Wie viel Zeit brauche ich für mich selbst?"

... durch den Schmerz hindurch

Nun gibt es aber trotz dankbarer Haltung auch Situationen, die uns so niederreißen, dass wir einfach nicht mehr in der Lage sind, für irgendetwas zu danken. Unsere Gedanken kommen nicht mehr zur Ruhe. Sie kreisen dann einzig und allein um das, was uns gerade so sehr belastet. Wir haben nicht mehr die Kraft und Energie, den Blick auf gute

Dinge zu richten, weil das andere so sehr schmerzt. Besonders schwer ist es, wenn ein geliebter Mensch völlig unerwartet stirbt. So erging es meiner Freundin. Plötzlich bekam sie einen Anruf, in dem ihr mitgeteilt wurde, dass ihr Bruder gestorben sei, mitten in der Blüte seines Lebens, völlig unerwartet. Das war ein großer Schock für sie. Ein Schock löst sich nach ein paar Wochen, doch der Schmerz begleitet die Menschen noch eine ganze Weile länger. Es ist wichtig, den Schmerz und die Trauer zuzulassen, aber genauso wichtig ist es, nicht darin zu verharren und vor allem nicht mit Gott zu hadern. Gott hat uns diesen Menschen nicht genommen, weil er uns strafen will, sondern es war einfach Zeit für diesen Menschen zu gehen. Jeder Mensch hat seine Zeit hier auf Erden. Der eine darf länger verweilen, der andere weniger lang. Das haben wir nicht in der Hand. Aber es ist für uns oft sehr schmerzlich und wir können es nicht verstehen. Ich kenne eine Familie, bei der die Mutter von sechs kleinen Kindern wegstarb. Ihr Mann konnte ihren Tod nicht akzeptieren, war auch mit den Kindern überfordert und suchte Trost im Alkohol. Auch meine Mutter konnte den Tod meines Bruders nie verstehen. Er wurde mit 2 ½ Jahren durch einen Unfall aus dem Leben gerissen. Kann man da noch dankbar sein? Ja, wir können dankbar sein, nämlich dafür, dass diese Menschen uns einen Teil unseres Lebens begleitet haben, selbst wenn es nur wenige Jahre waren wie bei meinem Bruder. Wir haben eine schöne Zeit mit ihnen verbringen dürfen, auch wenn sie uns schmerzlich entrissen wurden. Es ist natürlich nicht möglich, sofort nach dem Tod in eine dankbare Haltung zu kommen. Das kann niemand. Es ist wichtig, zu trauern. Jeder Mensch hat eine andere Art zu trauern. Der eine braucht Rückzug, der andere braucht Menschen um sich herum, wieder ein anderer wird depressiv oder wütend. Trauer braucht Zeit. Vielleicht können wir den Tod eines geliebten Menschen nie verstehen, aber wir können lernen, darüber hinwegzukommen, indem wir es akzeptieren und das neue Leben annehmen. Das bedeutet nicht, dass wir den Menschen vergessen sollen. Er wird in unserem Leben bleiben, aber auf eine andere Art und Weise wie das bisher der Fall war. Barbara Pachl-Eberhart verlor bei einem Verkehrsunfall ihren Mann und ihre zwei kleinen Kinder. Das war ganz furchtbar für sie. Sie ging durch eine tiefe Krise. Ihre Erfahrungen auf dem Weg zurück ins Leben schrieb sie in dem Buch „Vier minus drei" nieder. Weitere Bücher folgten. Ihr Leben hat sich vollständig gewandelt. Inzwischen ist sie zu einer Lebensberaterin geworden. Sie hilft u.a. Trauernden ins Leben zurückzukommen. Das kann sie nur, weil sie diesen Prozess selbst durchgemacht hat. Deshalb weiß sie, wie es geht und ist dankbar dafür.

Krisen, Sorgen und Probleme gehören zu unserem Leben. Alles hat seinen Sinn. Oft erkennen wir das erst viel später. Wenn wir schwere Schicksale erleiden oder geliebte Menschen verlieren, denken wir oft, dass das Leben nun vorbei sei. Nein, es ist nicht vorbei. Es ist wichtig, durch den Schmerz hindurchzugehen und sein Leben weiter zu leben. Wer sein ganzes restliches Leben in der Trauer oder im Schicksal bleibt, der lebt nicht mehr wirklich. Der ist einfach nur noch da und funktioniert irgendwie. In Zeiten der Krisen müssen wir uns auf die Suche nach neuem Halt und nach neuem Boden unter den Füßen machen. Da hilft es uns oft, wenn andere Menschen für uns da sind, für uns beten, damit wir wieder Kraft und Mut bekommen. Gerade in den Phasen der Krise lernen wir sehr viel über das Leben. Wir reifen. Wir erkennen unsere Stärken und das, was uns trägt. Barbara Pachl-Eberhart ist der Überzeugung, dass das, was uns glücklich macht, uns in Krisen stark macht.

Ehen gehen auseinander, oft ohne ersichtlichen Grund. Das tut weh und wir können es nicht verstehen. Wir wollen den Partner halten, aber er geht einfach. Im Nachhinein, wenn wir den Schmerz ein wenig überwunden haben, kommen wir ins Reflektieren. Wir merken, dass der Partner vielleicht gar nicht wirklich zu uns gepasst hat, dass es für unsere Seele nicht gestimmt hat, dass wir in ihm etwas gesucht haben, was er uns gar nicht geben kann, dass wir uns abhängig gemacht haben. Wenn wir das erkennen, dann können wir loslassen und dankbar sein, dass wir verlassen worden sind. Wichtig ist es, loszulassen, denn nur durch Loslassen kann Neues kommen. Wenn ich nochmals auf Barbara Pachl-Eberhart zurückkommen darf: Sie hat ihre komplette Familie durch den Unfall verloren, konnte aber loslassen und hat in kürzester Zeit wieder einen Mann kennengelernt und ein Kind bekommen. Durch Loslassen und Danken können wir vieles leichter bewältigen. Das bedeutet nicht, dass die Ereignisse weniger schlimm sind, aber wir können besser darüber hinwegkommen. Durch Loslassen und Danken bekommen wir eine andere Einstellung zu den Dingen und Geschehnissen und uns gelingt es, schmerzhafte Ereignisse abzuschießen. Das gibt uns eine andere Energie. Wir können unseren Weg fortsetzen.

Manchmal geht es uns auch schlecht, weil unser Nachbar nicht nett mit uns ist oder wir mit irgendjemanden Streit haben, mit jemandem im Konflikt leben. Wir sehen nur noch das Schlechte im andern.

Aber jeder Mensch hat auch positive Eigenschaften. Vielleicht suchen wir bei den Menschen, mit denen wir nicht so gut klar kommen, nach diesen und schreiben sie auf. Aufschreiben ist wirksamer als nur darüber nachzudenken, denn beim Schreiben dringt das Positive viel nachhaltiger in unser Bewusstsein. Und wenn wir nicht mehr nur negativ und schlecht über irgendjemanden denken, dann ändern wir automatisch (meist unbewusst) unser Verhalten und unsere Gedanken ihm gegenüber. Oft hat das Verhalten des andern uns gegenüber auch gar nichts mit uns zu tun. Manchmal sind Menschen „böse", weil sie durch ein Schicksal sehr verbittert sind. Wenn wir diesen Menschen etwas Gutes tun, wirkt das oft Wunder. Durch dankbare Haltungen lösen sich manche Probleme einfach auf. Der Nachbar spricht wieder, der Lehrer schreit das Kind nicht mehr an, usw. Je mehr wir im Leben dankbar sind, desto mehr richten wir unseren Fokus auf die positiven Verhaltensweisen in unserer Umgebung und desto mehr ziehen wir auch positive, uns wohlgesinnte Menschen an.

Auch eine Krankheit gibt oft Anlass zur Dankbarkeit. Ich hatte mich eine ganze Strecke meines Lebens verloren. Irgendwann hat mich eine Krankheit aufgeweckt und ich habe gemerkt, dass es mich selbst noch gibt. Oft führt eine Krankheit oder eine

Krise dazu, uns selbst zu finden, über uns nachzudenken. Krankheiten möchten uns etwas sagen. Sie sind oft Wegweiser. Es lohnt sich, Krankheiten näher anzuschauen, immer mit dem Gedanken: „Was will mir meine Krankheit sagen? Was läuft in meinem Leben schief? Was muss ich ändern? Warum kommt die Krankheit gerade jetzt?" Wenn wir uns näher mit der Krankheit befassen, mit ihr „reden", innehalten und in uns und die Krankheit hinein spüren, bekommen wir oft erstaunliche Antworten. Nicht die andern wissen, was für uns gut ist, nur wir selbst, unser Inneres weiß es. Wenn wir dann unser Leben oder eine Situation ändern, verschwindet die Krankheit oft von selbst. So können wir auch dankbar für die Krankheit sein, denn sie hat uns wieder auf den richtigen Weg gebracht. Eine Krankheit können wir mit einem Navi vergleichen. Wir fahren eine bestimmte Strecke. Plötzlich kommen wir vom Weg ab und fahren in eine falsche Richtung, merken es aber gar nicht. Das Navi meldet uns „Bitte wenden!" Unsere Krankheit meldet uns dasselbe. Unser Körper spricht mit uns, wir müssen nur lernen, ihn zu verstehen. Ist das nicht ein Grund zur Dankbarkeit? Bei chronischen und langwierigen Krankheiten ist es etwas schwieriger. Aber auch hier können wir unseren Körper fragen und schauen, wo wir vom Weg abgekommen sind. Oft hilft es auch, wenn wir Menschen anschauen, denen es noch viel schlechter geht. Dann sind wir mit unserem Leben wieder viel zufriedener. Und wir müssen in der Hoffnung bleiben, denn auch bei chronische Krankheiten kann es möglich sein, dass sie nach Jahren wieder verschwinden.

Eine Bekannte von mir hatte ihre Hand gebrochen. Die Hand hätte sofort operiert werden müssen, doch die Operation wurde wegen der damaligen Corona-Situation verschoben. Durch die Verschiebung kam es zu Komplikationen und die Frau konnte monatelang nicht mehr arbeiten. Das war für sie lange Zeit sehr schlimm. Doch irgendwann veränderte sich das und sie sagte zu mir: „Ich glaube, es ist eine Segen, dass ich in dieser schweren Zeit unter diesen Arbeitsbedingungen nicht zum Arbeiten muss. Da nehme ich den langsamen Genesungsprozess meiner Hand gerne in Kauf. Ich weiß, sie wird heilen, aber es darf schon noch ein bisschen dauern."

… und alles loslassen

Jeder Mensch erlebt Kummer und Leid. Aber das geht auch wieder vorbei. Wir dürfen nur nicht darin steckenbleiben. Und schon sind wir wieder beim

Loslassen. Nur wenn wir es loslassen, kann es sich verwandeln und wir können in die Dankbarkeit kommen. Durch Loslassen wird Energie freigesetzt, nämlich die Energie, die wir aufgewendet haben, um uns daran festzuhalten oder um dagegen anzukämpfen. Durch Loslassen kann unsere Lebensenergie wieder ungehindert fließen. Das Loslassen ist so wichtig. Vor allem, wenn wir nicht wissen, wie es weitergehen wird, keine Aussicht mehr sehen, dann bleiben wir in der Angst gefangen. Als mir beim ersten Lockdown meine Arbeit genommen wurde, wusste ich auch nicht, wie es weitergehen soll. Ich war in der Angst gefangen. Doch dann fand ich die Lösung. Sie heißt: Alles loslassen! Loslassen und Gott vertrauen! Wir dürfen uns dem Fluss des Lebens anvertrauen, ohne zu wissen, wo die Reise hingeht – einfach vertrauen, alles Gott übergeben, loslassen. Als ich meine Angst losließ und alles in Gottes Hand übergab, änderte sich plötzlich etwas. Ich wurde innerlich viel ruhiger. Ich spürte, wie die Angst wegfloss. Ich ließ es einfach geschehen. Und in den nächsten Wochen ergab es sich, dass mir immer wieder mal ein Bekannter oder eine Bekannte einen Hunderter oder einen Zwanziger in die Hand drückte, ohne dass ich sie darum gebeten habe. So konnte ich meine Miete bezahlen. Ich dankte Gott von ganzem Herzen dafür. Es war so herrlich. Da habe ich gewusst: Gott ist für mich da, er sorgt für mich, ich muss nur loslassen, mich ihm hingeben. In Matthäus 6, Vers 26 steht: „Seht die Vögel unter dem Himmel an: sie säen nicht, sie ernten nicht, sie sammeln nicht in die Scheunen, und euer himmlischer Vater ernährt sie doch. Seid ihr denn nicht viel mehr als sie?" Wenn wir im Vertrauen und in der Dankbarkeit bleiben, dann können Wunder geschehen. Angst hindert uns oft daran, in die Dankbarkeit zu kommen. Doch wenn wir es schaffen, die Angst loszulassen, dann kommen wir in die Dankbarkeit. Wo Dankbarkeit ist, da hat die Angst keinen Platz mehr, denn wir können immer nur ein Gefühl präsent haben.

… den Blick wenden

Dankbar sollten wir auch im Mangel sein. Wenn wir ständig den Blick auf das richten, was uns fehlt, was der andere hat und wir nicht, dann leben wir im Mangel, dann sind wir unzufrieden und unser Herz ist unruhig. Früher ärgerte ich mich, wenn ich sah, dass sich manche Menschen viel mehr leisten konnten als ich: Schon wieder fahren sie in Urlaub, schon wieder haben sie ein neues Auto, ein großes Schwimmbecken, usw. Ich war irgendwie immer neidisch auf sie, weil ich mir all das nicht leisten konnte. Doch Gott sei Dank lernte ich, anders damit umzugehen. Jetzt ist es für mich nicht mehr wichtig, was andere Menschen haben und wo sie hinfahren oder auch nicht. Es ist ihr Leben. Wir sehen nicht in die Menschen hinein. Wir wissen nicht, ob der Andere mit all dem materiellen Reichtum glücklich ist. Vielleicht braucht er all das Materielle, um seine Unzufriedenheit wegzubekommen. Vielleicht gibt es ihm ein bisschen ein Glücksgefühl oder er wird von andern bewundert, wenn er einen tollen neuen Wagen fährt oder mit den besten Markenklamotten rumläuft. Aber ist das wirklich das, was im Leben zählt? Brauchen wir das für unser Leben? Sind nicht ganz andere Werte und Tugenden viel wichtiger?

Wenn wir den Blick auf das richten, was wir haben, nicht auf das, was wir zu vermissen meinen, dann können wir in die Dankbarkeit kommen, dann merken wir, wie reich wir beschenkt sind. Vieles halten wir für selbstverständlich, bei vielem ist es uns gar nicht bewusst, dass wir es haben. Dinge, die uns selbstverständlich geworden sind, nimmt unser Gehirn weniger wahr, weil es sich auf das Neue konzentriert. Deshalb vergessen wir auch oft, uns für das Selbstverständliche zu bedanken, es wertzuschätzen und die Fülle des Lebens zu sehen. Oft werden uns Dinge erst bewusst, wenn sie ausfallen, wenn wir sie nicht mehr haben. Für mich war es ganz selbstverständlich, dass ich die Zeilen dieses Buches in meinen PC eintippe. Das war für mich so lange ganz selbstverständlich, bis eines Tages kein Strom da war. Ich saß vor meinem PC und konnte nicht weiterschreiben, weil nichts mehr funktionierte. Und da merkte ich, wie dankbar ich sein muss, dass ich Strom habe. Ohne Strom zu leben ist heutzutage gar nicht mehr denkbar. Oder was würden wir ohne unser Handy tun? Auch wenn es inzwischen ganz normal ist, dass jeder mobil ist, ist es doch ein Grund, dafür zu danken.

… in die Fülle gehen

Danken verändert unser Gefühl. Dankbarkeit ist ein positives Gefühl, das uns weiterbringt. Positive Gefühle motivieren uns, positive Gedanken machen uns offen für neue Erfahrungen. Wenn wir Dankbarkeit erleben wollen, dann können wir unseren Fokus bewusst jeden Tag auf die Fülle des Lebens richten. Wenn wir wirklich aufrichtig dankbar sind, dann erleben wir noch im selben Moment ein Gefühl von innerer Fülle, von Freude, ganz egal, wie unser Leben nach außen gerade aussieht. Dankbare Leute sind glücklich. Jesus hat gesagt: „Ich bin gekommen, damit ihr das Leben habt und es in

Fülle habt." Je mehr wir uns bewusst machen, warum und wofür wir dankbar sind, desto mehr entdecken wir die Fülle des Lebens. Und aus der Fülle guter, wertvoller Dinge um uns herum, stellt sich die Zufriedenheit ein. Da ist es uns dann egal, ob der Andere sich finanziell mehr leisten kann. Positive Gefühle geben eine gute Stimmung und wenn wir eine gute Stimmung haben, sind wir kreativer und einfallsreicher. Die Arbeit gelingt uns viel besser. Wir können neue Fähigkeiten lernen und soziale Bindungen vertiefen.

... geistige Helfer zu Hilfe bitten

Danken sollten wir auch unseren Schutzengeln, die uns führen und uns helfen. Es ist schon einige Jahre her, als ich mit dem Auto auf einer schmalen Straße Richtung Heimat fuhr. Mir ging es nicht gut, ich war kaum mehr in der Lage, auf den Verkehr zu achten. Plötzlich riss jemand das Lenkrad rum. Ich zuckte zusammen. Als ich aufsah, merkte ich, dass mich ein entgegenkommendes Auto beinahe streifte. Ich bin überzeugt, dass mein Schutzengel diesen Unfall verhinderte, dass er es war, der das Lenkrad in die andere Richtung riss. Ich saß nämlich allein im Auto. Vor jeder Autofahrt bitte ich meinen Schutzengel, mich auf der Fahrt zu beschützen und danke ihm im Voraus dafür. Wir sind beschützt. Da können wir sicher sein. Jeder von uns hat seinen Schutzengel und andere geistige Helfer, die ihm täglich zur Verfügung stehen. Wir können sie um Hilfe und Rat anrufen. Viele geistige Wesen dürfen von der geistigen Welt aus uns nur helfen, wenn wir sie darum bitten. Wenn wir dann Hilfe erfahren, ist es ganz wichtig, diesen Wesen auch zu danken.

… einen neuen Tag beginnen

Wenn wir in der Dankbarkeit leben, wird uns auch bewusst, wie viel wir jeden Tag geschenkt bekommen. Ich bedanke mich deshalb jeden Morgen, wenn ich aufstehe, dafür, dass ich einen neuen Tag geschenkt bekommen habe und bitte Gott, diesen Tag zu segnen. Am Abend bedanke ich mich für den vergangenen Tag und besonders für Dinge, Situationen oder Personen, die den Tag besonders gemacht haben. Durch das Danken am Abend beenden wir den Tag positiv und beginnen damit auch die Nacht positiv, was sich wiederum auf unsere Träume auswirkt. Wir können besser schlafen und sind am nächsten Tag erholter. Auch während des Tages können wir immer wieder ins Danken kommen. So entwickeln wir eine dankbare Haltung. Es ist ein gutes Gefühl, den Tag dankbar und gesegnet zu beginnen und auch so zu beenden. Ich denke, jeder hat so seine Art, den Tag zu beginnen. Für mich ist es wichtig, nach dem Aufstehen kurz innezuhalten, wichtige Träume oder Gedanken aufzuschreiben, positiv und in Ruhe in den Tag zu kommen. Für Menschen mit Partner kann es auch ganz schön sein, neben diesem aufzuwachen und den Tag mit ihm zu beginnen, mit einem gemeinsamen Morgenritual. Und sofort sind wir in einer dankbaren Haltung. Jeder kann da seinen eigenen Weg finden. Je nach Familienstand fängt der Tag anders an und muss anders gestaltet werden. Der Morgen kann z. B. auch mit dem Begrüßen der Kinder beginnen. Wie schön ist es, wenn ein kleines Kind zu den Eltern ins Bett kriecht! Da kommt doch Freude auf. Wenn wir unsere Kinder in Dankbarkeit annehmen, dann haben wir viel Freude mit ihnen. Wenn wir uns aber aufregen, weil das Baby schreit und uns den Schlaf raubt, dann stehen wir genervt auf, was sich dann oft durch den ganzen Tag zieht.

Der Tag läuft besser, wenn er mit Ruhe und Dankbarkeit beginnt. Auch Kinder lernen in der Schule besser, wenn sie vor der Schule keine Hektik haben und in Ruhe mit den Eltern oder zumindest einem

Elternteil frühstücken können. Wir gehen ohne Stress und Hektik in den Tag, wenn wir ihn ruhig angehen lassen, rechtzeitig aufstehen und uns nicht gleich auf die Zeitung stürzen und die schlechten Nachrichten konsumieren.

… für unsere Kinder sorgen

Kinder sind keine Last, auch wenn sie uns manchmal so erscheinen. Es kommt immer auf unsere Haltung gegenüber den Kindern an, darauf, ob wir das Kind von ganzem Herzen annehmen oder nicht. Wenn wir unsere Kinder so annehmen wie sie sind, dann kommen wir gut mit ihnen klar, dann geben die Kinder uns ganz viel. Wenn wir es aber nicht akzeptieren können, dass unser Kind nicht so ist, wie wir es uns vorgestellt haben, dann werden wir keinen Frieden bekommen, dann können wir nicht in eine dankbare Haltung kommen, denn wir lehnen das Kind innerlich ab. Ein Kind spürt das und handelt danach. Wenn wir ein Kind, auch ein andersartiges Kind, dankbar annehmen, dann bereichert uns das Kind.

Eine Bekannte von mir gebar ein Mädchen mit Downsyndrom. Die Schwangerschaft und Geburt waren sehr schwirig. Das Kind musste gleich nach der Geburt operiert werden. Trotz aller Schwierigkeiten hat die Mutter ihr Kind dankbar angenommen und die Kleine gedeiht prächtig. Die Eltern und Geschwister haben so viel Freude an ihr und sind dankbar, dass sie gerade dieses Kind haben. Sie sehen es als ein ganz besonderes Kind. Mit dieser Haltung kann sich das Kind positiv entwickeln und es wird nie eine Last für die Familie sein. Ich weiß, dass es für viele Eltern nicht einfach ist, ein andersartiges Kind anzunehmen und ihm genauso viel Liebe zu schenken wie ihren anderen Kindern. Sie sehen das Kind oft als Einschränkung in ihrem Leben, weil es schwirig ist, weil es viel Pflege braucht, nicht den Erwartungen entspricht oder nicht den Schulabschluss erreichen kann, den die Eltern sich für das Kind wünschen. Es gibt Eltern, die ihr Kind deshalb weggeben oder sein Leben schon im Mutterleib beenden. Kinder bereichern unser Leben. Auch ihnen müssen wir dankbar sein. Was würden wir ohne das fröhliche Lachen und Herumtoben der Kinder tun? Wie leer wäre unser Leben? Jesus sagte: „Lasst die Kinder zu mir kommen, denn ihnen gehört das Himmelreich." Sie leben uns mit ihrer Art vor, was wir tun müssen, um wirklich zu leben. Kinder leben im Hier und Jetzt, sind versunken in ihr Spiel, sind ganz bei sich.

... Geschenke geben und nehmen

Als Kind wird uns beigebracht, uns zu bedanken, wenn wir etwas geschenkt bekommen. Das ist gut und richtig so. Doch manchmal werden die Kinder fast erpresst. Manchmal werden ihnen Sätze gesagt wie: „Wenn du nicht danke sagst, bekommst du heute Abend kein Betthupferl!" Das Kind lernt so, dass es „Danke" sagen muss, wenn es etwas bekommen möchte. Es lernt aber nicht, das Wort „Danke" mit dem Gefühl Dankbarkeit zu verbinden. Das Wort wird zu einer Floskel, man sagt es halt, weil es Anstand ist, weil es von den andern erwartet wird. Es ist so etwas wie eine Verpflichtung. Doch das Wort „Danke" ist viel mehr. Das Wort „Danke" kann Wunder bewirken, wenn es aus dem Herzen kommt. Und es kann aus dem Herzen kommen, wenn wir z. B. das Geschenk wertschätzen, das der andere uns gegeben hat. Wenn wir es wertschätzen, dann freuen wir uns auch darüber. Nur ein wirklich ernst gemeintes „Danke" zeigt dem Andern, dass wir sein Tun wahrnehmen und anerkennen, dass wir es wertschätzen. Am Tonfall können wir meist erkennen, ob das Wort „Danke" von Herzen kommt oder nur so daher gesagt ist. Dankbarkeit und Wertschätzung sind eng miteinander verbunden. In der Dankbarkeit äußert sich die Wertschätzung sich selbst und anderen gegenüber. Durch die Dankbarkeit wird die Tür zu mehr Dankbarkeit, zu Freude und Wertschätzung geöffnet.

Manche Menschen erwarten immer Geschenke. Es ist für sie selbstverständlich. Für andere Menschen hingegen ist es schwer, ein Geschenk anzunehmen. Sie sagen: „Das ist doch nicht nötig, das kann ich nicht annehmen." Sie lehnen das Geschenk ab, obwohl sie es gerne haben möchten, oder sie nehmen es erst nach einigem Drängen des Gebers an. Sie sind es sich nicht wert oder haben die Geste der Ablehnung von ihren Eltern übernommen. Wir dürfen Geschenke annehmen, wir dürfen sie sogar mit Freude annehmen. Wenn wir ein Geschenk mit Freuden annehmen, dann freut sich auch der Geber des Geschenkes. Wenn wir es aber ablehnen oder rumdrucksen und der Geber muss es uns mehr oder weniger aufzwingen, dann verunsichert das den Geber. Er hat keine Freude mehr daran, uns etwas zu schenken, denn wir schätzen es ja nicht wert. Dies wiederum führt zu einer Enttäuschung unsererseits, weil wir ja insgeheim ein Geschenk erwarten, es aber nicht zugeben wollen.

Menschen, denen es schwer fällt, Geschenke anzunehmen, sind meist sofort dabei, wenn es darum geht, andere Menschen zu beschenken. Sie können nur kein Geschenk annehmen, weil sie denken, dass sie es nicht verdient haben oder sie sind der Meinung, dass sie es tausendfach zurückgeben müssen. Damit setzen sie sich unter Druck. Es kann keine Freude und keine Dankbarkeit aufkommen. Solche Menschen beschenken die anderen Menschen meist nicht aus Dankbarkeit, sondern um ihr schlechtes Gewissen zu beruhigen. Es ist sehr schwierig, in die Dankbarkeit zu kommen, wenn wir meinen, etwas nicht verdient zu haben. Sind wir der Meinung, dass wir es nicht wert sind, Gutes anzunehmen und zu genießen, dann landen wir ganz schnell in der anderen Richtung, nämlich in der Depression.

Und wie sieht es mit Geschenken an Weihnachten aus? Weihnachten ist ein Friedensfest. Christen feiern die Geburt Christi. Es hat sich so eingebürgert, dass Menschen an Weihnachten den anderen Menschen Geschenke machen. Wir überlegen, was wir wem schenken. Bei einigen Menschen, die wir beschenken möchten, wissen wir sofort, was der Person Freude macht. Wir spüren einfach, dass das derjenigen Person guttun wird. Und wir schenken es von Herzen. Dabei muss das Geschenk gar nicht groß und teuer sein. Eine Kleinigkeit, die von Herzen geschenkt wird, ist oft viel mehr wert. Bei anderen Menschen überlegen und überlegen wir und kommen zu keinem Ergebnis. Bei Menschen, mit denen wir nicht viel Kontakt haben und von denen wir nicht viel aus ihrem Leben wissen, wird es oft ganz schwierig. Wir stehen unter Druck. Es wird erwartet, dass wir etwas schenken, wir bekommen ja auch etwas geschenkt. Und dann schenken wir irgendetwas. Wir haben aber keine Ahnung, ob das dem Andern gefallen wird. Das Geschenk kommt nicht von Herzen. Es ist nur ein Muss, ein Zwang. Es ist reine Pflichterfüllung und wird dann meist auch nicht wertschätzend angenommen. Ein Geschenk, das aus vollem Herzen geschenkt wird, kann auch mit Dankbarkeit angenommen werden.

Eltern, die wenig Zeit für ihre Kinder haben, plagt oft das schlechte Gewissen. Sie haben das Gefühl, dass sie die Kinder irgendwie entschädigen müssen. Dann beginnen sie, den Kindern Geschenke zu machen, Spielsachen und Kleider zu kaufen, immer mehr und immer öfters. Im Gegenzug dazu erwarten sie von den Kindern, dass sie sie lieben. Sie wollen sich die Liebe der Kinder wortwörtlich erkaufen. Wenn wir mit einem Geschenk etwas Bestimmtes erreichen wollen, das Geschenk also mit einer Erwartung verbinden, z. B. mit Ansehen oder Liebe, dann geschieht das Geben nicht aus dem

Herzen, denn das Herz gibt ohne etwas dafür zu erwarten. Umgekehrt ist es genauso. Wenn wir von jemanden ein bestimmtes Geschenk erwarten und bekommen etwas anderes geschenkt, sind wir enttäuscht. Es freut uns nicht und wir können nicht dankbar sein. Wenn wir uns aber einfach gar nichts vorstellen, keine Erwartungen haben und bekommen ein Geschenk, dann können wir auch dankbar sein. Es kommt nicht darauf an, ein möglichst tolles und teures Geschenk zu kaufen oder zu bekommen, es kommt darauf an, mit welcher Gesinnung es gekauft und verschenkt wird. Ein kleines Geschenk, das aus dem Herzen gegeben wird, ist tausendmal mehr wert als ein großes Geschenk, das nicht von Herzen kommt. Ein Geschenk des Herzens können wir wertschätzen. Die französische Schriftstellerin Thyde Monnier sagte: „Ein Geschenk ist genauso viel wert wie die Liebe mit der es ausgesucht worden ist."

... Formen der Dankbarkeit finden

Wenn wir unserem Nächsten Danke sagen, zeigen wir ihm Anerkennung für das, was er gemacht hat. Das gibt ihm ein gutes Gefühl. Jeder Mensch freut sich, wenn seine Bemühungen anderen gegenüber anerkannt, gewürdigt und wertgeschätzt werden. Dankbarkeit und Wertschätzung können nicht nur durch Worte zum Ausdruck gebracht werden, sondern auch durch Gestik, Mimik oder Handlungen: unaufgeforderte Hilfe, eine freundliche und offene Haltung, ein liebliches Lächeln, ein Zunicken, eine nette Geste, Rücksichtnahme auf die Bedürfnisse anderer, ein bewusstes Umgehen miteinander, eine Umarmung, ein aufmunternder Satz, dem andern das Gefühl geben, dass er gut ist wie er ist. All das sind auch Formen der Dankbarkeit.

In der Stadt, in der ich wohne, steht einmal in der Woche ein Inder mit seinem Wagen und verkauft indisches Mittagessen. Er hat großen Zulauf. Ich hole gerne bei ihm mein Essen. Wenn er jemanden begrüßt, faltet er die Hände und macht eine kleine Verneigung. Schon allein diese Geste ehrt die Person, die einkauft. Außerdem ist er höflich und nett und er schöpft das Essen liebevoll auf den Teller. Ich denke, dass er es auch liebevoll zubereitet. Die lange Menschenschlange, die jeden Donnerstag an dem Wagen des Inders steht, zeigt, dass das den Menschen gut tut. Natürlich ist das Essen auch wirklich sehr gut. Obwohl manchmal viele Leute vor dem Wagen stehen, kommt der Inder aber nicht in Stress. Er behält seine „Langsamkeit" und Achtsamkeit bei. Und immer wieder mal beschenkt er die Leute mit einem Bonbon, einem Schokoladenriegel oder ähnlichem. Es ist eine Kleinigkeit, bewirkt aber Großes. Bei ihm fühlt man sich wertgeschätzt. Obwohl ich erwachsen bin, freue ich mich über das Schokolädchen, weil es eine liebevolle Geste ist.

… und mit den Folgen leben

Wir tragen einen großen Teil dazu bei, wie die Dinge laufen. Wenn wir die kleinen Wertschätzungen der andern schätzen, dann führt das dauerhaft zu einer positiveren Lebenseinstellung. Wir ziehen automatisch immer mehr Gutes in unser Leben. Öfters mal „Danke" zu sagen, motiviert den anderen, uns eine Freude zu machen. Wenn wir in der Dankbarkeit sind, können wir auch Kritik besser annehmen. Selbst wenn jemand schlecht gelaunt ist, reißt uns das nicht runter. Wir schätzen die anderen Menschen mehr und wir schätzen die kleinen Dinge im Alltag mehr. Eine lebensbejahende Einstellung hilft uns, Probleme besser zu bewältigen und auch andere Menschen in ihren Problemen zu unterstützen, sie aufzubauen und ihnen Heil zu bringen. Dankbarkeit hilft bei der Bewältigung jeder Krise. Das Leben erhält durch die dankbare Lebensweise eine neue Schwingung. Unser Umfeld fühlt das und reagiert entsprechend darauf. Wenn wir das Leben ganz bewusst schätzen, dann wird und kann sich unser Leben ändern.

Praktizierte Dankbarkeit aktiviert die Region im Gehirn, die den Neurotransmitter Dopamin produziert, der daraufhin ausgeschüttet wird, genauso wie bei einem Antidepressivum. Dankbarkeit beschleunigt die Heilung vieler Krankheiten. Danken macht glücklich und wer glücklich ist, ist auch gesünder, der Schlaf verbessert sich, die Motivation und die Lebensfreude steigen. Der Mensch wird ausgeglichener und emotional stärker. Mit positiven Gefühlen können wir Kraftquellen aufbauen. Positive Gefühle machen uns offen und weit für jede neue Erfahrung. Durch Dankbarkeit verringern sich Gefühle wie Ärger, Eifersucht und Gier.

Dankbarkeit lässt das Leben in einem anderen Licht erscheinen. Wir kommen in die Liebe. Wir können das jederzeit ausprobieren. Wenn wir einfach jetzt dankbar sind für all die guten Dinge in unserem Leben, dann verändert das sofort unsere Gedanken und Gefühle. Wenn wir lernen, dankbar zu leben, dann entdecken wir, dass auch andere Seelenqualitäten wachsen. Dankbarkeit hilft, negative Gedanken und Gefühle in Schach zu halten.

Dankbarkeit hat einen großen Einfluss auf das, was wir denken. In der Dankbarkeit fühlen wir uns wohler, sind gesünder, entspannter, optimistischer, energievoller, schmerzfreier und haben eine bessere Beziehung zu Gott und zu uns selbst.

Kopfsprung ins Herz …

Neulich spielte ich mit einigen Leuten Gesellschaftsspiele. Unter ihnen waren zwei, die nicht verlieren können. Als es dem Ende zuging und sie nicht an der Spitze waren, regten sie sich auf und es wurde laut. Irgendwie brachten wir keine Ruhe mehr ins Spiel. Ich überlegte kurz, dann nahm ich meinen Love Tuner, den ich um den Hals trug und tönte ein bisschen. Nach kurzer Zeit wurden tatsächlich alle ruhig. Keiner mehr beschuldigte den anderen, keiner mehr war aggressiv. Es war wie ein kleines Wunder. Wir konnten das Spiel fortsetzen, in Frieden. Die Ruhe, die durch den Love Tuner entstand, war eine seltsam schöne Stille. Der Love Tuner ist eine kleine Eintonflöte, die auf 528 Hz kalibriert ist. Diese Frequenz nennt man auch Liebesfrequenz oder göttliche Frequenz. Durch das Tunen kommt man zu sich selber, vom Kopf in das Herz. Und das ist wichtig, denn die Liebe spricht nicht aus dem Verstand, sondern aus dem Herzen. Der Kopf denkt, das Herz spürt. Wenn wir bei einem Menschen das Herz berühren, dann werden wir ihn gewinnen, denn die Liebe sitzt im Herzen. Deshalb sind Liebesbriefe immer so geschrieben, dass sie das Herz berühren. Mit einer herzlichen Botschaft oder ein paar netten Komplimenten am Morgen können wir einem geliebten Menschen einen guten Start in den Tag ermöglichen.

Als wir klein waren, haben wir unsere Intuition gespürt und für uns genutzt. Wir waren bei uns selbst, haben auf unser Herz gehört. Doch dann sind wir älter geworden und unser Verstand hat sich eingeschaltet. Wir haben uns mehr nach ihm gerichtet. Fangen wir doch wieder an, der Führung unseres Herzens zu vertrauen, den Verstand bei Entscheidungen zwar einzuschalten, uns aber vom Herz, von der Intuition leiten zu lassen. Das Herz zeigt dem Verstand den Weg. Das Herz hat schon geschlagen, lange bevor der Verstand angefangen hat, zu denken. Über den Weg des Herzens kommen wir in unsere Mitte. Wenn wir uns Zeit nehmen und spüren, was unser Inneres sagt, können wir unseren Weg finden und unsere Ziele sehen. Kopf, Herz und Bauch müssen zusammenarbeiten. Es sind drei verschiedene Dinge und doch eine Einheit.

Oft sind wir so in Gedanken gefangen, dass wir weit weg von unserem Herz sind. Doch wenn wir zur Ruhe kommen, lässt der Gedankenstrom nach. Wir können einen Freiraum im Kopf schaffen, die Hand aufs Herz legen, das Herz spüren und uns ihm zuwenden. Wir können das Herz hören. Da wo die Aufmerksamkeit ist, da ist die Energie. Und wenn die Aufmerksamkeit im Herzen ist, dann fließt Herzensenergie. Wir können die Liebe spüren. In dem Moment, in dem wir ganz in unserem Herzen sind, sind wir ganz bei uns, im Hier und Jetzt. Liebe wird durch die Herzform symbolisiert. Eine Kette mit einer Herzform als Schmuck zu schenken ist deshalb ein besonders schönes Geschenk, nicht nur für Liebende.

… weiterschwingen in hohe Sphären

Liebe ist die stärkste Kraft und die höchste Schwingung im Universum, das Höchste überhaupt. Gott ist Liebe und wer in der Liebe bleibt, der bleibt in Gott und Gott bleibt in ihm.

In der Bibel, 1. Korinther 13, 1 – 8 (Hohelied der Liebe) ist die Liebe folgendermaßen beschrieben:

1. „Wenn ich in den Sprachen der Menschen und Engel redete, hätte aber die Liebe nicht, wäre ich dröhnendes Erz oder eine lärmende Pauke."

2. „Und wenn ich prophetisch reden könnte und alle Geheimnisse wüsste und alle Erkenntnis hätte, wenn ich alle Glaubenskraft besäße und Berge damit versetzen könnte, hätte aber die Liebe nicht, wäre ich nichts."

3 „Wenn ich meine ganze Habe verschenkte und wenn ich meinen Leib opferte, um mich zu rühmen, hätte aber die Liebe nicht, nützte es mir nichts."

4 „Die Liebe ist langmütig, die Liebe ist gütig. Sie ereifert sich nicht, sie prahlt nicht, sie bläht sich nicht auf."

5 „Sie handelt nicht ungehörig, sucht nicht ihren Vorteil, lässt sich nicht zum Zorn reizen, trägt das Böse nicht nach."

6 „Sie freut sich nicht über das Unrecht, sondern freut sich über die Wahrheit."

7 „Sie erträgt alles, glaubt alles, hofft alles, hält allem stand."

8 „Die Liebe hört niemals auf. Prophetisches Reden hat ein Ende, Zungenrede verstummt, Erkenntnis vergeht."

Im Hohelied der Liebe sehen wir, wie groß die Liebe ist und wie viel sie bewirken kann. Ein Leben ohne Liebe ist nicht lebenswert oder überhaupt nicht möglich. Das haben die sogenannten Kaspar-Hauser-Experimente bewiesen. Kaiser Friedrich II. soll Neugeborene von ihren Müttern weggenommen und völlig isoliert haben. Die Ammen, die sich um die Babys kümmerten, ernährten sie und gaben ihnen das, was sie notwendigerweise brauchten, um zu überleben. Ihnen war es aber verboten, die Kinder zu liebkosen, mit ihnen zu sprechen oder sonst irgendeine Zuwendung zu geben. Die Säuglinge verstarben alle nach kurzer Zeit. So die Überlieferung. Daran sehen wir, wie wichtig Liebe und Zuneigung für unsere Kinder sind. Geben wir ihnen diese Liebe. Ein liebevoller und zugewandter Umgang mit Kindern ist essentiell, denn durch die Zuwendung, Wärme und Liebe entsteht eine Bindung. Babys, die häufig von den Eltern getrennt sind, gehen oft eine Bindung mit einem Teddybären, einer Puppe, einer Decke etc. ein. Diesen Gegenstand nehmen sie überall mit. Sie gehen nirgendwo ohne ihn hin, auch wenn sie aus dem Babyalter schon raus sind.

Viele Menschen sind nicht mehr in der Liebe, haben Gott verloren. Er hat keine Bedeutung mehr in ihrem Leben. Ohne Gott gibt es aber keine echte Liebe. Und wir brauchen Liebe auf dieser Welt. Es ist eine so mächtige Kraft. Die Liebe ist größer als jede Gewalt. Sie ist die stärkste Waffe überhaupt. Sie gibt uns Kraft, macht uns handlungsfähig und schützt uns vor dem Bösen. Wo Liebe ist, da hat das Böse keine Kraft. Wenn alle Menschen auf der Erde in der Liebe wären, gäbe es keinen Krieg, keinen Unfrieden, keinen Hass und keinen Neid. Ich glaube, jeder Mensch sehnt sich im tiefsten Wesen nach Liebe, denn die Liebe ist eine göttliche Kraft, die in jedem Wesen verborgen ist.

Liebe ist ein überwältigendes, mächtiges Gefühl, eine Kraftquelle, die in schlechten Zeiten Zuversicht gibt und in guten Zeiten unser Glück vergrößert. Liebe ist heilsam und Liebe ändert das Verhalten der Menschen.

Auch der berühmte Physiker Albert Einstein befasste sich eingehend mit der Liebe. Nachfolgend ein Ausschnitt aus einem Brief, den er an seine Tochter geschrieben haben soll.

Liebes Lieserl,

... Es gibt eine extrem mächtige Kraft, für die die Wissenschaft bis jetzt keine formelle Erklärung gefunden hat. Diese Kraft beeinflusst alles andere, sie steht über allen Phänomenen des Universums und doch haben wir sie noch nicht verstanden. Diese universelle Kraft ist die Liebe. Als die Wissenschaftler nach einer einheitlichen Theorie des Universums suchten, vergaßen sie die unsichtbare und mächtigste aller Kräfte. Diese Kraft ist die Liebe.

Wissenschaftler haben diese stärkste, unsichtbare Kraft vergessen. Liebe ist das Licht, das die erhellt, die sie geben und erhalten.

Liebe ist fast wie die Schwerkraft, denn sie bringt die Menschen dazu, sich voneinander angezogen zu fühlen, wie zwei Magnete.

Liebe ist die stärkste Kraft von allen, denn sie ist es, die verhindert, dass die Menschheit in ihrer blinden Selbstsucht zugrunde geht.

Für die Liebe leben und sterben wir. Liebe ist unser Gott und Gott ist unsere Liebe.

Diese Kraft erklärt alles und gibt unserem Leben einen Sinn. Es ist eine unscheinbare Kraft, die wir viel zu lange ignoriert haben. Vielleicht, weil wir Angst vor ihr haben, da sie die einzige Kraft im Universum ist, die sich nicht wissenschaftlich steuern lässt.

Die Menschheit wird immer wieder versagen, wenn es darum geht, die Kräfte des Universums zu erforschen, zu nutzen und zu kontrollieren. Deshalb ist es so wichtig, dass wir uns mit einer anderen Energie nähren und neben der Wissenschaft die Liebe nicht vergessen!

Wenn wir wollen, dass die Menschheit weiter überlebt, wenn wir einen Sinn im Leben finden wollen, wenn wir die Welt und alles, was in ihr lebt retten wollen, dann ist Liebe die einzige richtige Antwort!

Vielleicht sind wir auch nach dieser Veröffentlichung noch nicht stark genug, um all den Hass, den Egoismus und die Gier zu zerstören, die unseren Planeten Stück für Stück vergiften.

Wenn wir lernen, diese universelle Energie, in Form der Liebe, zu geben und auch anzunehmen, meine liebe Lieserl, werden wir feststellen, dass die Liebe alles überwinden kann, denn die Liebe ist die wahre Essenz des Lebens ....

https://www.mimikama.at/aktuelles/briefe-an-lieserl-von-einstein/

... ins Reich
der Bedingungslosigkeit gelangen

Die vollkommene Liebe ist die Urkraft des Universums, die Schöpferkraft Gottes und sie ist bedingungslos. Wir sind geliebt, einfach nur, weil es uns gibt, weil wir da sind. Ist das nicht schön? Nachfolgend eine schöne Geschichte, in der wir sehen, wie bedingungslose Liebe aussieht.

Es war einmal in einem fernen Land ein kleiner namenloser Baum. Der kleine Baum liebte die Geschichten, die ihm die Vögelchen erzählten. Besonders liebte er die Geschichten von Bäumen aus anderen Ländern. Die Vögel erzählten ihm, dass es dort Bäume mit Namen und einem hohen Ansehen gab. Sie erzählten ihm von den Birkenbäumen, die als Symbol des Neubeginns galten und von den Lindenbäumen, die mit ihren herzförmigen Blättern an die Liebe erinnerten. Doch am faszinierendsten fand er die heldenhaften Geschichten des Eichenbaums. Er hatte sich ein hohes Ansehen unter den Bäumen verschafft. Die Vögel berichteten von seinem mächtigen Stamm, der eine große Krone trug und der für jedermann ein Symbol für Ausdauer, Macht und Stärke war. Der kleine Baum seufzte. Er hätte auch so gerne einen Namen gehabt und eine wichtige Bedeutung. Aber sein Stamm war alles andere als stattlich. Er hatte eigentlich gar keinen richtigen Stamm, nur viele dünne Wurzeln, die irgendwie in den Stamm übergingen. Sie verflochten sich miteinander und hie und da gab es Lücken, durch die der Wind wehte. Er fand, dass er damit wenig ehrfürchtig aussah. Sein Stamm wirkte vielmehr wie der geflochtene Zopf eines jungen Mädchens. „Sei nicht traurig", sagte die weise Eule, die bei ihm wohnte. „Du bist doch genau so, wie Gott dich gewollt hat. Liebe deinen Stamm. Liebe dich so wie du bist und du wirst sehen, es werden dir Wunder geschehen." Der kleine Baum begann also damit, seine Wurzeln zu lieben. Anfangs war es schwierig, aber es wurde mit der Zeit leichter. Er spürte dem Wind nach, der durch seinen luftigen Stamm blies und ihn kitzelte. Irgendwann fiel der Groll von ihm ab und er liebte seinen verflochtenen und verworrenen Stamm. Im nächsten Jahr schenkte ein Vögelchen ihm ein Eichenblatt. Das Blatt war kräftig und mit starken Adern durchzogen. Und doch war es auch schmal und länglich geformt. Es war tiefgrün und an den Rändern gewellt. Seine Blätter hingegen waren eher bauchig, fast rund, die Adern dünn und zart. Am schlimmsten fand er, dass seine Blätter nach unten spitz zuliefen als würden sie weinen. Außerdem wuchsen seine Äste nach rechts und nach links statt wie er gehofft hatte, nach oben. Er wurde mehr und mehr zu einem dicken unförmigen Baum mit vielen bauchigen und weinenden Blättern. „Sei nicht traurig", sagte die Eule. „Du bist genau so wie Gott dich gewollt hat. Liebe deine Blätter. Liebe dich so wie du bist und du wirst sehen, es werden dir Wunder geschehen." Also begann der kleine Baum seine Blätter zu lieben. Sie waren hell und durchlässig für die Sonne. Als er eines Tages genau hinsah, bemerkte er, dass seine Blätter das Sonnenlicht verwandeln konnten. Sie machen daraus ein zauberhaftes hellgrünes und seidiges Licht, das einen ganz besonders sanften Schatten spendete. Irgendwann fiel das Begehren nach den Eichenblättern von ihm ab und er liebte seine Blätter. Der kleine Baum wuchs heran. Im nächsten Jahr brachten die Vögelchen ihm eine Eiche mit. Der kleine Baum fand sie wunderschön. Sie trug einen eleganten Hut und darunter war sie glatt und tiefbraun. Er hingegen trug nur hier und da winzige runde Dinger, die wie die Beeren eines Strauches und nicht wie die Früchte eines Baumes aussahen. Wieder tröstete ihn die Eule, die bei ihm wohnte. „Sei nicht traurig.", sagte die Eule. „Du bist genau so wie Gott dich gewollt hat. Liebe dich wie du bist und du wirst sehen, es werden dir Wunder geschehen." Der namenlose Baum betrachtete seine Früchte. Aus ihm konnten schließlich neue Bäume wachsen. „Wahrscheinlich hast du Recht", sagte er zu der Eule. „Hätte Gott einen anderen Baum hier an dieser Stelle haben wollen, dann hätte er vermutlich einen anderen Baum gepflanzt. Da Gott mich hier eingepflanzt hat, sollte ich mein Bestes geben. Ich sollte mich so lieben wie ich bin. Ich kann ja ohnehin niemand anderer sein als der, der ich bin. Also werde ich versuchen, nach Leibeskräften nur ein namenloser schattenspendender Baum zu sein." So vergingen die Jahre. Der namenlose Baum hörte nun endlich auf, sich mit namenhaften Bäumen zu vergleichen. Er liebte den Wind, der durch seinen luftigen Stamm strich. Er liebte seine Blätter, die einen wunderbaren hellgrünen Schatten spendeten. Und er liebte seine Früchte und Samen, die ihn immer daran erinnerten, dass sich Gott wohl noch mehr Bäume seiner Art wünschte. Hier und da ließ er also los, damit seine Samen auf den Boden fallen konnten. Eines Tages kam ein wandernder Asket vorbei. Er betrachtete den Baum lange. Dann lächelte er. Er sagte: „Dieser Platz ist genau richtig für einen Asketen wie mich." Er setzte sich im Schneidersitz unter den Baum und meditierte. Am nächsten Morgen schlug der Mann die Augen auf und ein gewaltiges Zittern ging durch den Boden. Das

Grollen ging bis tief in den Mittelpunkt der Erde hinein. Auch die Himmel öffneten sich plötzlich und ein wunderbarer Blumenduft fiel herab. In den nächsten Tagen strömten die Menschen zu dem Baum und dem Mann. Der Mann erklärte den anderen Suchenden, dass er hier unter diesem wunderbaren Baum die Erleuchtung gefunden hatte. Er sagte: „Die verworrenen und verbogenen Wurzeln haben mir gezeigt, dass das Leben voller Verstrickungen und Leiden ist. Im klärenden hellgrünen Licht erkannte ich das Begehren als Ursache allen Leidens. Durch die fallenden Samen begriff ich, dass das Loslassen der Gier zur Überwindung des Leidens führt. Genau acht Samen lagen in meinen Händen als Symbol für den achtfachen Pfad, der zur bedingungslosen Liebe des Lebens führt. In diesem Baum hier habe ich alle Antworten gefunden, nach denen ich mein Leben lang gesucht habe. Und so gaben die Menschen dem Baum einen Namen. Sie nannten ihn fortan den Bodhibaum. Aber der Baum lachte nur darüber, denn er wusste, egal welchen Namen man ihm gab, er doch immer im Kern der Namenlose bleiben würde. Der erwachte Buddha zog weiter. Er erklärte den Menschen, dass es egal war, ob man als Prinz oder als Bettelmönch geboren wurde. Wichtig war nur, dass man sich und das Leben bedingungslos liebte.

aus: www.youtube.com/watch?v=DkqKKvKxfJq

Liebe kennt keine Grenzen, keine Form und keine Bedingung. Wenn wir uns bedingungslos lieben, dann fühlen wir uns ganz. Wir akzeptieren uns so wie wir sind. Dasselbe gilt für unseren Nächsten. Bedingungslose Liebe sagt nicht, ich liebe dich, weil du mir jeden Tag köstliche Gerichte zauberst, einen Blumenstrauß schenkst oder das oder jenes machst. Bedingungslose Liebe ist eine Liebe, die keinen Anlass braucht. Sie liebt einfach, unabhängig davon, was uns die andere Person gibt oder für uns macht. Diese Form von Liebe muss man sich nicht verdienen. Ein Kind, das von seinen Eltern bedingungslos geliebt wird, braucht keine Angst zu haben, dass die Liebe sich verringert, auch wenn es z. B. in der Schule nicht mit Leistungen glänzt oder etwas kaputt gemacht hat, denn die bedingungslose Liebe ist nicht von Noten, Leistungen oder Taten abhängig. Eltern lieben ihr Kind, weil es ihr Kind ist. Sie lieben ihr Kind, weil es mit ihnen auf dieser Erde lebt, weil es aus ihrem Fleisch und Blut ist. Sie lieben es, weil es da ist.

Ein Partner, der von seiner Partnerin oder auch umgekehrt bedingungslos geliebt wird, der braucht keine Angst zu haben, von ihr oder ihm vereinnahmt zu werden, denn bedingungslose Liebe lässt los, gibt dem andern den Freiraum, den er braucht, um sein eigenes Glück zu finden. Sie zeigt sich in der Treue, auch wenn der andere mal einen Fehler gemacht hat oder in der Fürsorge, wenn der andere krank wird. Bedingungslose Liebe schließt auch die Selbstliebe mit ein. Es gelingt keinem Menschen, ganz in der bedingungslosen Liebe zu leben. Vermutlich gelingt bei uns Menschen die bedingungslose Liebe nur bei den Eltern zu ihrem Baby. Eine Mutter liebt ihr Baby, egal was passiert - wahrscheinlich weil es so schutzbedürftig ist.

So liebt auch Gott uns bedingungslos, weil er die Liebe selber ist. Er liebt uns so wie wir sind. Wir können Gott immer begegnen. Er empfängt uns immer mit offenen Armen. Wir können zu ihm kommen, wie ein kleines Kind zu seiner Mutter kommt. Er ist immer für uns da.

... sich in der Liebe verirren

Leider verstehen Menschen die Liebe manchmal falsch, so wie diese Eltern. Sie führten ein Unternehmen und waren, wie man so schön sagt, mit der Firma verheiratet. Deshalb hatten sie nur sehr wenig Zeit für ihren Sohn. Der Junge war viel allein, bekam von den Eltern aber alles an Materiellem, das ein Kind sich nur wünschen kann. Damit beruhigten sie ihr Gewissen. Die Eltern meinten, ihr

Kind zu lieben, doch sie wussten nicht, dass Liebe nichts mit materiellem Wohlstand zu tun hat. Nach der Grundschule schickten die Eltern ihren Sohn aufs Gymnasium, damit er auch auf schulischem Gebiet alles haben kann. Er war aber heillos überfordert. Als er das dritte Mal eine Klasse nicht schaffte, versuchte er, sein Leben zu beenden. Er wurde gerettet. Doch selbst nach diesem Selbstmordversuch, der eindeutig ein Hilfeschrei war, merkten die Eltern immer noch nicht, was ihr Kind wirklich brauchte, nämlich ihre Liebe, ihre Zeit, Ihre Anwesenheit und ihre Zuwendung.

Ich fragte einen Jungen, bei dem der Fall ähnlich gelagert war, was er sich am allermeisten wünschte. Er antwortete mir: „Ich würde mir wünschen, dass meine Mutter einen ganzen Nachmittag für mich Zeit hätte und sich nur mit mir beschäftigen würde, mit niemandem anderem und nichts anderes nebenher machen würde. Dieser Junge wollte einfach nur für ein paar Stunden die Aufmerksamkeit und Liebe seiner Mutter erfahren. Kinder brauchen ihre Eltern. Leider ist es in der heutigen Zeit so, dass viele Eltern nur wenig Zeit für ihre Kind haben. Um so wichtiger ist es dann, dass sie die Zeit, die sie mit ihrem Kind verbringen, wertvoll gestalten, in dieser Zeit ganz beim Kind sind, nichts anderes tun, dem Kind die volle Aufmerksamkeit schenken, es liebevoll behandeln. Ein Kind, das sich der Liebe der Eltern gewiss ist, braucht keine Angst zu haben. Es hat Vertrauen zu den Eltern und kann mit jedem Problem zu ihnen kommen. Ein Kind zu lieben, bedeutet, das Kind sich so entwickeln zu lassen, wie es für das Kind bestimmt ist, das Kind so sein zu lassen, wie es ist und nicht so zu formen, wie wir es gerne hätten. Das gilt nicht nur für Kindern, sondern auch für andere Menschen. Jeder Mensch hat seine Aufgabe hier und hat alles mitbekommen, was er dazu braucht. Und wir sollten ihn sein Leben leben lassen. Wir können ihn dabei aber liebevoll unterstützen. Das ist Nächstenliebe.

Doch oft wird die Nächstenliebe falsch verstanden. Wenn wir uns für andere aufopfern, vergessen wir uns oft selber dabei. Wir versuchen, immer lieb, nett und brav zu sein und wollen es allen Recht machen. Doch Jesus hat mit der Aussage „Liebe deinen Nächsten wie dich selbst." etwas ganz anderes gemeint. Es ist empfehlenswert, auch den zweiten Teil des Satzes „...wie dich selbst" zu lesen. Was macht es für einen Sinn, wenn wir allen Menschen helfen und dabei selber kaputt gehen, krank werden? Spätestens dann ist es an der Zeit, sich auch mal um sich selber zu kümmern, uns selber kennenzulernen, für uns selber zu sorgen. Es ist keine Sünde, sich selbst zu lieben, im Gegenteil, Selbstliebe hat nichts mit Narzissmus oder Selbstvergötterung zu tun. Selbstliebe hat etwas mit Verantwortung zu tun. „Liebe deinen Nächsten wie dich selbst" bedeutet: Ich mache das, was ich für den anderen mache oder machen würde, auch für mich. Das ist oft gar nicht so einfach. Es ist oft überhaupt kein Problem für uns, einen schwächeren Menschen zu verteidigen und uns schützend vor ihn zu stellen, doch uns selber können wir nicht verteidigen und schützen. Wenn die Liebe zu uns selber nicht groß genug ist, dann geht das nicht.

… vorbei am Egoismus

Selbstliebe darf aber nicht mit Selbstsucht verwechselt werden. Wie das Wort schon sagt, ist Selbstsucht eine Sucht. Selbstsucht ist Egoismus. Es ist ein Verhalten, das vor allem an den eigenen Interessen ausgerichtet ist. Ein selbstsüchtiger Mensch denkt nur an sich. Es ist ihm egal, wie es seinen Mitmenschen geht. Wichtig ist nur, dass es ihm gut geht. Es kommt schon mal vor, dass auch er seinen Mitmenschen hilft, doch tut er dies nur, wenn es für ihn selber von Nutzen ist. Ein selbstsüchtiger Mensch liebt sich selber nicht, ganz im Gegenteil, es mangelt ihm gewaltig an Selbstliebe. Und von den anderen Menschen bekommt er meist auch keine Liebe. Deshalb versucht er, mit Selbstsucht, dieses Loch zu stopfen. Aber Selbstsucht mündet in Isolation und kann ins Unglück führen. Der eigene Vorteil wird auf Kosten anderer ausgeschöpft. Doch wahre Liebe überwiegt unseren Egoismus. Wahre Selbstliebe ist uneigennützige Liebe. Sie macht zufrieden und glücklich.

... die Liebe großzügig verteilen

Vor einigen Jahren unterrichtete ich im Kindergarten Vorschulenglisch. In der Gruppe war ein fünfjähriger Junge, der überall aneckte, der nicht mehr tragbar für den Kindergarten war. Auch im spielerischen Englischunterricht störte er nur. Ich beobachtete ihn ein paar Wochen und fragte mich: „Was braucht dieser Junge?" Und plötzlich wusste ich es: Der Junge braucht Liebe. Ich sagte zu ihm: „Leon (Name geändert), ich mag dich!" Dieser Satz wirkte Wunder. Leon setzte sich von sich aus sofort neben mich und es gab keine Probleme mehr. Er störte nicht mehr, er nahm am Unterricht teil. Schon allein der Satz „Ich mag dich!" war so viel Liebe für das Kind, dass es sein Verhalten änderte. Der Junge hatte diesen Satz wahrscheinlich zuvor noch nie in seinem Leben gehört.

Wäre es nicht schön, wenn es in den Kindergärten und Schulen mehr Liebe geben würde, die Kinder von Anfang an liebevoll unterstützt würden, wenn von Anfang an ihr Verbundenheitsgefühl vertieft würde, wenn ihnen vorgelebt würde, achtsam und liebevoll mit sich selber und mit allem was da lebt umzugehen? Jedem Kind würde es gut gehen. Die Welt würde ganz anders aussehen. Wir dürfen ruhig großzügig mit der Liebe umgehen, sie überall verbreiten, denn die Liebe ist das einzige, das mehr wird, wenn man es verschwendet.

Ein Spruch von Önder Demir lautet: „Das, was uns alle verbindet, ist die Liebe, und das, was uns trennt, ist nur der Verstand." Ich möchte diesen Satz an dem obigen Beispiel mit dem Jungen näher erläutern. Es wurde versucht, den Jungen mit dem Verstand zu erziehen. Es wurde mit dem Jungen gesprochen, der Junge wurde geschimpft und gestraft. Das geschah alles mit dem Verstand. Doch das Verhalten des Jungen änderte sich dadurch nicht, im Gegenteil, er wurde immer unerträglicher, weil er von uns allen getrennt wurde, er wurde zum Außenseiter. Als ich ihm mit Liebe begegnete, konnte er sich mit mir verbinden und dadurch kam auch er in die Liebe und änderte sein Verhalten. Es ist die Liebe, die uns alle untereinander verbindet. Und die Liebe versucht, den andern

Menschen zu lassen, wie er ist. Sie erwartet nichts. Ich sagte dem Jungen nicht, wie er sich zu verhalten hat, ich sagte ihm nur, dass ich ihn mag. Ich ließ ihm seine Freiheit, seinen eigenen Willen. Der Hirnforscher Gerald Hüther sagt: „Liebe ist die einzige Beziehungsform, in der Menschen sich gleichzeitig verbunden und frei fühlen können. Die Liebe ist die einzige Beziehungsform, in der wir in der Lage sind, die in uns angelegten Potentiale zu entfalten. Und deshalb ist die einzig richtige große Revolution, die auf dieser Welt stattfinden kann, die Revolution, in der wir entdecken, was die Liebe eigentlich vermag." Wenn wir uns mit jemandem oder etwas verbunden fühlen, dann können wir uns auch liebevoll kümmern und die Verantwortung dafür übernehmen. Dieses Verbundenheitsgefühl müssen wir bei allen Menschen wieder wecken.

Es ist wichtig, dass wir alle auf Augenhöhe miteinander umgehen. Kinder, die in Augenhöhe mit Erwachsenen sind, fühlen sich wohl. Ich kenne eine Familie, bei der der Vater am Tisch sich zuerst bedienen durfte. Er machte seinen Teller voll, ohne Rücksicht darauf, ob die Kinder noch genügend hatten oder nicht. Das Abendessen gab es, wenn er von der Arbeit kam, auch wenn die Kinder erst später von der Schule kamen. Bei der Familie wurden auch nur bei den Geburtstagen der Eltern Gäste eingeladen.

Kindergeburtstag wurde nicht gefeiert. In diesem Fall liegt die Aufmerksamkeit bei den Erwachsenen. Doch auch Kinder brauchen Aufmerksamkeit, Liebe und Wertschätzung. Wenn wir als Kind diese Dinge nicht bekommen, suchen wir sie auch als erwachsener Mensch noch im außen. Wir verstehen nicht, dass wir uns all das selbst geben können.

Jeder Mensch ist anders, jeder Mensch ist einzigartig und jeder Mensch ist liebenswert und hat die Liebe in sich. Doch aufgrund der äußerlichen Umstände verändern sich Menschen oft. Sie vereinsamen, werden depressiv oder beginnen, anderen Menschen Schmerzen zuzufügen, sie zu bestehlen oder Amok zu laufen, um nur ein paar Beispiele zu nennen. Das sind manchmal ganz unglückliche Menschen, die von allen abgelehnt werden. Sie brauchen nicht auch noch unsere Abneigung, sie brauchen unsere Hilfe, unsere Zuwendung. Dann können sie gesunden, dann müssen sie diese Dinge nicht mehr machen. Ein Mensch, der in der Liebe ist, verurteilt nie einen anderen Menschen, denn die Liebe verurteilt nicht. Wir können Menschen, mit denen wir Probleme haben, einfach Liebe schicken, dann werden die Probleme plötzlich kleiner oder verschwinden sogar. Plötzlich ist der andere uns wohlgesonnen, spricht wieder in normalem Ton mit uns.

Gestern erzählte mir eine dreißigjährige Frau: „Ich habe 10 Geschwister. Wir sind alle glücklich aufgewachsen, weil wir immer in der Liebe miteinander verbunden waren. Klar gab es bei uns auch mal Streit, aber wir haben immer alles in Liebe diskutiert und bis wir abends ins Bett gegangen sind, waren wir wieder liebevoll miteinander vereint. Und wenn man in der Liebe ist, dann sind auch die Macken der andern gar nicht mehr schlimm, dann kann man die akzeptieren." Würden alle Menschen in solchen Familien aufwachsen wie diese junge Frau , dann wäre die Welt ein großes Stück besser.

... unser Kind liebkosen

In uns drin lebt etwas ganz Kostbares. In uns drin sitzt das kleine innere Kind, das sich so sehr nach Kontakt sehnt. Es will gesehen, gehört und beachtet werden und es will Liebe bekommen. Wir sollten uns auf die Suche nach diesem Kind machen. Es ist nicht immer einfach, das verletzte kleine Kind in uns zu finden. Doch wenn wir es gefunden haben, dann dürfen wir dankbar sein und wir können anfangen, uns um dieses verletzte kleine Wesen zu kümmern. Es braucht jetzt unsere ganze Liebe. Es ist ein sehr starkes Gefühl, sein inneres Kind zu entdecken. Es ist berührend. Viele Menschen begegnen ihrem inneren Kind das erste Mal in einer Meditation. Sie sehen z. B. wie es auf sie zukommt, wie klein es ist, wie traurig es ist, wie es weint. Wenn es dann in die Arme genommen wird, dann lacht es, wird fröhlich. Das können sehr berührende Momente sein. Es ist wie heimkommen, wie Ganzwerden.

Meditation ist nicht der einzige Weg. Es gibt noch andere Wege, mit unserem inneren Kind in Kontakt zu treten. Wir können uns daran erinnern, was wir als Kind gerne gemacht haben und diese Dinge einfach jetzt im Erwachsenenalter wiederholen. Dann finden wir unser Kind auch. Wenn wir unser inneres Kind gefunden haben, sollten wir mit ihm Frieden schließen, es annehmen, in den Arm nehmen, mit ihm sprechen, ihm sagen, dass wir nun für es sorgen werden. Es ist aber wichtig, dass wir uns dann auch wirklich um das Kind kümmern. Es ist so oft enttäuscht worden. Wenn es uns vertrauen soll, dürfen wir es nicht auch noch enttäuschen. Oft können wir uns besser um das innere Kind kümmern, wenn wir uns eine Puppe oder einen Teddybären kaufen und uns vorstellen, dass das unser inneres Kind ist. Wir können es in den Arm nehmen, im Arm wiegen, an unser Herz drücken und es spüren.

Wenn wir nicht für unser Kind da sind, dann drücken andere Menschen unsere Knöpfe. Aber wir können unser Leben nur leben, wenn wir selber die Knöpfe drücken, wenn wir die Gefühle, die hochkommen, fühlen und nicht verdrängen. Wirklich unser Leben zu leben und zur Selbstliebe zu kommen ist meiner Meinung nach erst möglich, wenn wir unser inneres Kind entdeckt haben und mit ihm kommunizieren können. Mit der Selbstliebe können wir unser inneres Kind vor weiteren Verletzungen schützen.

Aber was ist das eigentlich, dieses innere Kind, von dem so viele sprechen? In der Kindheit erleben wir Dinge, die für uns schmerzhaft sind. Diese Erfahrungen und die dazugehörenden Emotionen speichern wir in unserer Erinnerung ab. Die Summe all dieser Erfahrungen nennen wir „das innere Kind". Wir sind besonders von den ersten Lebensjahren ganz besonders geprägt. Wir haben z. B. das Gefühl kennengelernt, dass niemand für unsere Bedürfnisse eintritt oder dass wir akzeptieren müssen, wenn uns übel mitgespielt wird.

Aber nun sind wir erwachsen und wir können selber für uns sorgen. Trotzdem sind wir oft nicht glücklich und fühlen uns manchmal traurig und allein, je nachdem, was uns in der Kindheit passiert ist. Es hilft uns dann nicht, wenn wir einfach sagen, dass wir jetzt groß sind und die Kindheit vorbei ist, denn dann distanzieren wir uns von den Erfahrungen der Kindheit. Wir wollen uns vor der Wiederholung dieser Gefühle schützen, wir wollen sie nicht noch einmal fühlen müssen. Wenn wir das beschließen, dann wandern diese Gefühle ab ins Unterbewusstsein. Doch es funktioniert nicht so einfach. Die Prägungen aus der Kindheit sind da und sie finden einen anderen Weg, um an die Oberfläche zu kommen. Wir fühlen uns dann z. B. einsam und allein, obwohl wir es gar nicht sind, wir sind gleich überfordert, haben keine so rechte Lebensfreude oder wir denken, dass wir nicht gut genug sind, so wie wir sind. Erlebnisse unserer Kindheit wiederholen sich immer wieder. Unbewusst suchen wir immer wieder Situationen aus, in denen unsere Gefühle der Kindheit bestätigt werden.

Heute können wir die Situationen neu anschauen. Wir können erkennen, dass unsere Eltern uns nicht im Stich gelassen haben. Sie konnten damals nur nicht anders handeln. Sie waren z. B. selber gelähmt und wussten nicht, wie sie uns beschützen sollten. Und jetzt sitzt das kleine Kind von damals in uns drin und wir sind die einzigen, die den Kontakt zu ihm wieder aufbauen können. Wir als Erwachsene müssen mit dem kleinen Kind in einen Dialog treten, um die Wahrheiten wie wir sie als

Kind erlebt haben und bis jetzt im Unterbewusstsein geglaubt haben, zum Positiven verändern und damit den seelischen Schmerz heilen.

Das ist nicht immer ganz einfach. Manchmal gehört da viel Geduld dazu. Um ein Gefühl für das Kind zu bekommen, können wir uns z. B. vorstellen, dass unser inneres Kind einige Jahrzehnte im Waisenhaus gelebt hat. Es war von uns getrennt. Und jetzt holen wir es nach Hause. Nun ist es klar, dass das Kind etwas Zeit braucht, um sich bei uns einzugewöhnen. Das Kind muss erst Vertrauen zu uns bekommen. Deshalb ist es wichtig, das Kind sehr liebevoll zu behandeln. Es hat viel durchgemacht. Wenn wir ihm Liebe, Raum und Zeit geben, dann hat es die Gelegenheit, seine eigene Großartigkeit und Besonderheit zu entdecken. Die Lebensfreude kann zurückkommen. Wichtig ist aber, dass wir mit dem inneren Kind in Kontakt bleiben und weiterhin für es sorgen, seine Wünsche erfüllen und es ein bisschen verwöhnen. Das innere Kind will vor allem spielen. Ein Kind spielt um des Spielens willens. Im Spiel lernt es, entdeckt Neues, kann wachsen.

Manchmal kümmern wir uns intensiv um einen oder mehrere andere Menschen und merken gar nicht, dass unser eigenes kleines Kind so dringend Hilfe braucht. Da ist es dann kein Wunder, dass es uns nicht gut geht. Das Kind schreit oft erbärmlich, aber wir hören es nicht, weil wir mit anderen Dingen oder Personen beschäftigt sind. Da ist dann aber eine gewaltige Entschuldigung notwendig. Es ist schon wichtig, sich um andere zu kümmern, aber wir dürfen uns auch selbst nicht vergessen. Und gerade, wenn wir einen großen Drang haben, den andern zu helfen, brauchen wir oft selbst am meisten Hilfe.

Der Lebensberater Götz Wittneben sagte einmal: „In dem Moment, da du beginnst, dein inneres Kind bedingungslos zu lieben, hast du die Tür zur Selbstliebe geöffnet und bist hindurchgegangen." Öffnen wir diese Tür und gehen wir durch sie hindurch. Es lohnt sich!

Wenn wir uns in der Kindheit von unseren Eltern geliebt gefühlt haben, ist es für uns leichter, ein positives Lebensgefühl zu entwickeln, weil wir im Innern der Überzeugung sind, dass wir liebenswert sind. Wenn wir dieses Gefühl nicht erfahren haben, ist das Selbstbewusstsein und auch die Selbstliebe vermutlich gering. Wir haben das Gefühl bekommen, dass etwas an uns nicht In Ordnung ist, etwas nicht stimmt. Ansonsten wären wir von den Eltern und Geschwistern ja netter behandelt worden, hätten Freunde und Freundinnen gehabt, wären öfter mal eingeladen worden. Wir dachten, dass nur die anderen okay sind, wir jedoch nicht. Wir fühlten uns wie Aschenputtel und sind auch so behandelt worden. Wir kamen zu dem Entschluss, dass wir es verdient haben, so schlecht behandelt zu werden. Aber jetzt sind wir groß, wir sind erwachsen und können diese Denkmuster erkennen und durch neue ersetzen. Das schaffen wir aber nur, wenn wir die Verantwortung für unser Leben übernehmen und uns selber wichtig sind. Es ist ein Prozess. Selbstliebe zu entwickeln erfordert Zeit und Arbeit.

... uns im Spiegel betrachten

Eine Bekannte, die schon lange in Therapie ist, erzählte mir, dass ihr der Therapeut geraten hat, jeden Morgen vor den Spiegel zu stehen und zu sagen: „Ich liebe mich!" Sie hat es ausprobiert, aber sie kann es nicht. Sie kann nicht in den Spiegel schauen und diesen Satz zu sich sagen. Deshalb hilft ihr diese Übung auch nicht. Selbst wenn sie in der Lage wäre, diesen Satz jeden Morgen vor dem Spiegel zu sagen, aber nicht daran glauben kann, dann wird ihr dieser Satz nicht helfen. Sie kann so nicht zur Selbstliebe kommen. Sie muss einen anderen Weg wählen. Der Weg zur Selbstliebe kann manchmal sehr lange sein.

In dem Film „Die Braut, die sich nicht traut" wird die Selbstliebe schön dargestellt. Die Braut bekommt immer wieder einen Heiratsantrag. Doch immer wenn es ernst wird, springt sie jedes Mal vom Altar weg, weil sie nicht „ja" sagen kann. Sie passt sich immer nur ihrem Partner an. Das hat sie so gelernt. Auch der Heiratsantrag geht immer vom Partner aus. Und weil die Braut nicht weiß, wer sie wirklich ist, kann sie am Altar auch nicht ja sagen. Schließlich lernt sie erneut einen Mann kennen. Auch bei ihm läuft sie vor dem Altar weg. Doch dann gehen die beiden ans Eingemachte. Er schaut, wer er ist und sie schaut, wer sie ist. Sie merkt, dass sie nicht nur die Tochter eines Alkoholikers ist und nicht nur eine Frau, die Eisen verkauft. Sie entdeckt z. B., dass sie das Eisen eigentlich gar nicht verkaufen will, sondern schöne Kunstobjekte daraus machen möchte. So entdeckt sie, dass sie auch Künstlerin ist und ändert ihr Leben. Und nach ein paar Monaten geht der Heiratsantrag von ihr aus, nicht vom Mann wie die Male zuvor. Sie weiß jetzt, wer sie ist und kann deshalb nun auch vor dem Altar „ja" sagen. Nur wenn wir uns selber annehmen, können wir wirklich ja sagen.

Ich habe immer wieder mit Jugendlichen zu tun, die vor der Berufswahl stehen. Wenn ich mich nach ihrem Berufswunsch erkundige und sie mir einen Beruf nennen, frage ich, ob das wirklich ihr eigener Berufswunsch sei. Oft höre ich dann die Antwort: „Nein, eigentlich nicht. Aber in dem Beruf verdient man viel Geld." oder „Meine Eltern wollen, dass ich diesen Beruf erlerne." In meinen Augen zählt nicht, wie viel Geld man verdient, sondern ob man den Beruf gerne macht, ob man aufgeht in dem Beruf, ihn mit Begeisterung ausübt. Um dies zu erfahren, ist es notwendig, sein Herz zu fragen, in sich reinzuhören. Nur dann können wir ein erfülltes Leben leben und den richtigen Beruf finden. Beruf muss Berufung sein. Wenn wir den Beruf machen, den wir in uns spüren, ganz egal, ob man darin viel oder wenig Geld verdient, dann handeln wir mit Selbstliebe. Wir machen das, wozu Gott uns die Begabung gegeben hat. Wir schätzen unsere Begabungen, indem wir sie ausführen.

Selbstliebe hat viel mit Wertschätzung zu tun. Genauso wie ich meinen Nächsten wertschätze, so muss ich auch mich wertschätzen. Vielleicht haben wir als Kind immer wieder Sätze wie diese gehört: „Das ist nur für die andern, nicht für dich." oder „Das braucht es nicht." Wir sind dann nach und nach zu der Einstellung gekommen, dass wir es nicht wert sind, gut behandelt zu werden oder etwas Schönes, Leckeres oder Wertvolles zu bekommen. Die andern sind es wert, wir nicht. Wir sind etwas Minderwertiges. Wenn wir diese Einstellungen bekommen haben, dann müssen wir sie revidieren. Wir sind es wert, uns wie unsere beste Freundin oder unseren besten Freund zu behandeln, uns das zu geben, was uns fehlt; das in uns zu füllen, was leer ist. Dazu ist es notwendig, alle Seiten von uns anzuschauen und diese anzunehmen, auch die, die wir nicht mögen. Sie gehören auch zu uns.

Wir müssen uns auch bewusst machen, dass wir einfach da sein dürfen, dass wir so sein dürfen, wie wir sind. Wenn wir das zulassen, dann kommen wir in die Liebe und bleiben in der Liebe. So können wir heilen. In der Liebe bleiben bedeutet für mich, mit Gott verbunden bleiben, mir und meinem Gewissen selbst treu zu bleiben, Verantwortung für mich zu übernehmen. Wir bleiben uns treu, wenn wir auf uns hören und wenn wir lernen „nein" zu sagen. Wenn wir „ja" sagen, obwohl wir „nein" meinen, ist das Verrat an unserem eigenen Herzen. Wir kommen dadurch von uns weg, wir verlassen uns selber.

Die Ursachen einer mangelnden Selbstliebe liegen häufig in der Kindheit. Als Kind bekommen wir oft zu wenig Bestätigung und Zuwendung. Vielleicht werden wir sogar vernachlässigt oder bestraft. Wir bekommen bestimmte Glaubenssätze mit, die uns am Leben hindern, die uns in eine andere Richtung treiben. Das kann zu Minderwertigkeitskomplexen führen. Statt zu lernen, dass wir gut und liebenswert sind, suchen wir die Liebe, den Respekt und Zuspruch im außen. Wir denken, dass wir es nicht wert sind oder dass wir es verdient haben, dass es uns schlecht geht. So fällt es uns oft schwer, Selbstliebe zu entwickeln und die Bedürfnisse nach Zuspruch in uns selber zu erfüllen. Die wichtigste Beziehung im Leben ist die Beziehung zu uns selber. Wir müssen uns selber wichtig sein. Doch oft bauen wir Mauern um unser Herz und brauchen viel Kraft, um diese wieder einzureißen. Wenn wir jedoch liebevoller mit uns umgehen, machen wir die Erfahrung, dass wir es sind, die unser Leben gestalten. Wir können vieles beeinflussen und aktiv mitgestalten.

Vielleicht wünschen wir uns manchmal, dass wir von anderen Menschen netter behandelt werden. Wir fragen uns, warum uns immer wieder dieselben Dinge passieren. Da gibt es eine ganz einfache Erklärung: Wenn wir uns selber nicht lieben, selber nicht achten und nicht schätzen und die Liebe nur im außen suchen, dann strahlen wir das aus. Die andern Menschen sehen das. Es steht uns sozusagen auf der Stirn geschrieben. Die Mitmenschen haben dann ein leichtes Spiel. Sie manipulieren uns, nutzen uns aus und lassen uns danach fallen. Sie mobben uns, beachten uns nicht und erniedrigen uns. Sie können eigentlich alles mit uns machen, denn wir wehren uns nicht. Doch umgekehrt ist es genauso der Fall: Ein Mensch, der sich selber liebt, strahlt dies auch aus. Er zieht Menschen an, die ihn lieben können, die ihn mögen und schätzen.

Wir müssen aufhören, uns immer zu fragen, was der Nachbar denkt, wenn wir dies oder jenes tun. Wir müssen aufhören, uns dafür zu schämen, weil wir so sind wie wir sind. Wir müssen aufhören, immer zu denken, dass wir nicht genügen, wir müssen aufhören, uns Selbstvorwürfe zu machen. Wenn wir uns akzeptieren, dann können wir in die Dankbarkeit kommen und wenn wir in der Dankbarkeit sind, können wir in die Selbstliebe kommen.

Die Liebe, Zuwendung und all das, was wir brauchen, muss in uns selber entstehen. Wir können uns da nicht auf das außen verlassen. Nur wir selber können uns das geben. Und wenn wir voller Selbstliebe sind, dann können wir auch Liebe von außen zulassen, können uns selber vertrauen. Wir spüren, was richtig und was falsch ist. Wir hören auf unser Herz. In der Selbstliebe finden wir zu uns, gelangen in unser Herz, öffnen unser Herz und verbinden uns mit Gott.

Wenn wir unser Verhalten über einen längeren Zeitraum bewusst beobachten, merken wir, ob wir liebevoll mit uns umgehen, uns vernachlässigen oder uns zu sehr unter Leistungs- und Ansehensdruck setzen. Wir merken, ob wir negativ oder positiv über uns sprechen. Selbstliebe entsteht, wenn wir mit uns selber zufrieden sind, wenn wir uns selber liebevoll behandeln. Wir können selber entscheiden, ob wir im Krieg oder im Frieden mit uns selber leben möchten. Wenn wir in der Selbstliebe und im Frieden mit uns sind, dann öffnet sich unser Herz automatisch auch für die Freundlichkeit andern gegenüber.

… unseren Körper als Partner sehen

Wir sind der einzige Mensch, der uns seit unserer Geburt jede Sekunde begleitet hat und auch bis zu unserem Tod begleiten wird. Ist es da nicht wichtig, dass wir diesen Menschen mögen und lieben und für diesen Menschen gut sorgen? Wenn wir uns lieben, dann bejahen wir unser Leben, dann bauen wir eine gute Verbindung zu uns selber auf und nehmen uns mit all unseren Stärken und Schwächen an. Wir gewinnen dadurch an innerer Sicherheit. Unsere Seele wohnt hier auf der Erde in unserem Körper. Wir brauchen den Körper, um hier zu leben und sollten ihm deshalb auch unsere Liebe geben. Theresa von Avila sagte: „Tu deinem Leib etwas Gutes, dann hat die Seele Lust, darin zu wohnen."

Wenn wir für uns sorgen, dann gehen wir mit unserem Körper liebevoll um, geben ihm das, was er braucht, um gesund zu sein. Wir pflegen unseren Körper und achten darauf, was wir ihm zuführen und wie wir ihn bewegen. Eine Frau sagte zu mir: „Immer wenn ich frustriert bin, wenn der Tag nicht so gelaufen ist, wie ich ihn mir vorgestellt habe, dann brauche ich eine Tafel Schokolade." Da ist nichts dagegen einzuwenden, es sollte uns aber bewusst sein, warum wir das tun. Meistens hängt das damit zusammen, dass wir von außen keine oder zu wenig Liebe bekommen. Dann trösten wir uns mit Süßigkeiten oder anderem übermäßigem Essen. Wir wollen uns damit am Leben halten. Wenn uns das bewusst wird, dann können wir es ändern und uns selber das geben, was wir wirklich brauchen.

Gesund ernähren bedeutet nicht, dass wir uns unser ganzes Leben lang an eine strikte Ernährung halten müssen, dass uns gar nichts Süßes mehr erlaubt ist. Der Körper braucht zwischendurch schon mal etwas zum Naschen, etwas was Genuss pur bringt. Es ist wichtig, bewusst zu essen, den Körper zu fragen, ob ihm eine bestimmte Ernährungsweise gut tut oder nicht. Wir haben alle unterschiedliche Ernährungswege. Jeder Mensch hat einen anderen Körper, einen anderen Stoffwechsel. Manchmal ist eine Ernährungsart auch nur eine Zeitlang gut für uns, dann brauchen wir wieder etwas anderes. Sobald der Körper sich meldet und uns sagt, dass es zu extrem ist, dann ist es wichtig, auf den Körper zu hören. Das ist Selbstliebe. Deshalb gelingt vernünftiges Essen nur, wenn wir uns selber genügend lieben. Selbstliebe ist auch, sich das Essen so zuzubereiten, dass es uns schmeckt. Ein Essen, das mit Liebe gekocht wurde, schmeckt doppelt so gut und der Körper wird es uns danken. Gönnen wir uns doch mindestens eine warme Mahlzeit am Tag. Viele Singles kochen nicht für sich, weil sie der Meinung sind, dass es sich nicht lohnt, für eine Person zu kochen. Sie essen dann lieber kalt oder holen am Imbiss etwas. Interessant ist auch die Art, wie die Menschen ihr Essen zu sich nehmen. Ich frage mich immer, was die Menschen vom Essen haben, wenn sie es nur runterschlingen. Langsames Essen und Genießen gibt dem Körper ein viel besseres Gefühl, nährt ihn wirklich, denn dann sind beim Essen alle Sinne mit dabei.

Manche Menschen ernähren sich von Medikamenten. Sie nehmen z. B. morgens fünf Tabletten, mittags sechs Tabletten und abends vier Tabletten mit entsprechenden Nebenwirkungen. Und dann fragen sie sich warum es ihnen eher schlechter als besser geht. Bestimmte Medikamente muss man nehmen, da kommen manche nicht umhin. Doch bei vielen Krankheiten geht es auch ohne die starken Medikamente. Naturmittel sind oft viel sanfter für den Körper. Wenn wir uns selber genug lieben, hören wir auf unseren Körper und finden das richtige Mittel. Wenn wir z. B. Rückenschmerzen haben und uns dabei aufregen, dann sind wir nicht in der Liebe. Wenn wir uns aber liebevoll um die Schmerzen kümmern, mit unserem Rücken reden, dann kann er heilen, oft auch ohne Schmerztabletten. Roberto Antela Martinez sagte: „Wenn man in der Selbstliebe ist, lösen sich 70 – 80 % aller Themen auf, die einen belasten. Wenn wir in der Selbstliebe sind, sind wir in der Schöpferkraft."

Kommen wir zur Bewegung. Hier gilt die Regel: Bewegung ist für unseren Körper und unsere Seele gut und wichtig, doch alles in Maßen, alles auf den Körper abgestimmt. Extremsportler lieben meiner Meinung nach ihren Körper nicht. Sie muten ihm zu viel zu. Genauso wenig lieben die sogenannten

Couch Potatoes ihren Körper. Wer seinen Körper liebt, der fördert ihn, aber er gönnt ihm auch eine genügend große Pause, in der er regenerieren kann. Manchmal müssen wir unseren inneren Schweinehund überwinden bzw. unsere Begierde nach Leistung und Ansehen zügeln, um ins Gleichgewicht zu kommen.

... an der Leistungsschiene vorbei

Wir werden nie zufrieden sein, wenn wir uns über unsere Leistung definieren. Wir haben dann nicht gelernt, wie wertvoll wir sind. Viele Menschen streben nach Erfolg und stellen sehr hohe Erwartungen an sich selber. Eine meiner Schülerinnen will immer die Beste sein. Nur dann fühlt sie sich wohl, nur dann denkt sie, dass sie angesehen ist. Dafür opfert sie fast ihre komplette Freizeit. Andere Menschen fragen sich: „Warum können die andern das und ich nicht?" Sie kommen sich dumm und wertlos vor. Sie lieben sich nicht, weil sie die Leistung nicht bringen können, von der sie meinen, dass andere Menschen sie von ihnen erwarten. Aber wir sollten unser Leben nicht nach den vermeintlichen Erwartungen anderer Menschen ausrichten, denn dann verlieren wir uns ganz schnell. Liebe und Wertschätzung durch Leistung zu bekommen ist ein äußerliches Zeichen. Dadurch wollen wir uns und den anderen beweisen, dass wir etwas können. Doch mal ehrlich gefragt: Sind wir wertvoller, wenn wir z. B. alle Autokennzeichen oder Flaggen der Welt auswendig können oder das Abitur mit der Note 1,0 abschließen? Wir werden dann vielleicht bewundert, doch das hat nichts mit wertvoll zu tun. Wertvoll sind wir, wenn wir ganz bei uns sind, wenn wir unsere inneren Werte pflegen und unser eigenes Leben in Verbindung mit Gott, der Erde und der Menschheit liebevoll leben und im außen uns auch so zeigen.

Ein Kind erzählte mir, dass es seinen Vater kaum sieht, weil er immer beim Arbeiten ist. Das Kind hat nichts vom Vater und der Vater hat auch nichts vom Kind. Und wo ist da die Selbstliebe des Vaters und die Liebe zu seinem Kind? Er arbeitet und arbeitet, jeden Tag und den ganzen Tag. Vielleicht will er viel Geld verdienen, will sich viel leisten können, vielleicht will er aber auch vor dem Chef gut dastehen oder in der Firma aufsteigen. Manche Menschen arbeiten bis zum Burnout. Sie vergessen dabei alles um sich herum, vor allem sich selber. Wenn wir in der Selbstliebe sind, dann arbeiten wir nicht bis zum Umfallen. Dann legen wir uns hin, wenn wir müde sind, dann gönnen wir uns eine Pause.

Manchen Kindern wird immer gesagt, wie toll sie sind. Sie haben vielleicht mit fünf Jahren schon den ersten Fernsehauftritt usw. Ich denke da z. B. an Claire Crosby. Sie steht auf der Bühne seit sie drei Jahre alt ist. Heute ist sie acht. Sie hat wirklich eine phantastische Stimme. Ich höre sie gerne. Doch Claire steht ständig in der Öffentlichkeit. Ihr ganzes Privatleben wird auf YouTube-Videos präsentiert. Dadurch lernt sie, dass sie der Öffentlichkeit ständig etwas bieten muss. Ich denke, dass wir nicht zu uns selber kommen können, wenn wir ständig auf dem Präsentierteller stehen, ständig etwas bieten müssen, die andern übertreffen müssen. Da leben wir nur im außen. Wir lernen dann vielleicht, wie toll wir sind, aber wir werden immer auf den Erfolg von außen angewiesen sein. Viele YouTuber stellen ein Video nach dem andern ein. Sie zeigen ihre intimsten Situationen, verraten ihre geheimsten Dinge, nur um von ihren Followers möglichst viele Likes zu bekommen. Ihre Followers leben nicht mehr ihr eigenes Leben, sondern richten ihr Leben nach dem ihres Idols aus. Sie tun alles, um ihrem Idol möglichst ähnlich zu sein. Sie kaufen dasselbe T-Shirt, lassen sich den gleichen Haarschnitt schneiden und versuchen, die Bewegungen der Idole in ihren Alltag miteinzubauen. Sie verlieren sich selber und schlüpfen in die Rolle ihres Idols. Da kommen sie weg von sich selber.

Viele Künstler baden in ihrem Ruhm. Sie sind z. B. erfolgreiche Musiker, Sänger und Schauspieler. Sie geben sich immer gut gelaunt, lustig oder eben das, was die Zuschauer oder Zuhörer erwarten. Und obwohl jeder denkt, dass es ihnen gut geht, dass sie glücklich sind, erkranken sie plötzlich an der Psyche und manch einer beendet dann völlig unerwartet sein Leben. Niemand kann das verstehen und doch ist es so leicht zu verstehen. Nach außen wirken sie erfolgreich. Aber wie sieht es in ihrem Innern aus? Dort sind sie oft ganz verlassen und einsam. Sie haben oft einen großen Erfolgsdruck, dem sie nicht immer standhalten können. Irgendwann wird es ihnen zu viel und sie gehen. Manchmal wird der Erfolg auch weniger. Für sie geht dann eine Welt unter. Sie können nichts mehr mit sich anfangen, fühlen sich wertlos. Ihnen mangelt es gewaltig an Selbstliebe, weil sie immer von der Liebe von außen gelebt haben.

Jeder Mensch hungert nach Liebe, Anerkennung und Wertschätzung. Wer zu wenig Selbstliebe hat, meint, die Liebe durch Steigerung seiner Leistung, Attraktivität, seines Aussehens oder durch Perfektionismus zu erreichen. Wir gehen vielleicht ungeschminkt nicht mehr aus dem Haus, stehen stundenlang vor dem Spiegel oder versuchen, keinen Fehler zu machen. Dahinter steckt oft eine Angst, ansonsten verachtet, verlassen oder nicht geliebt zu werden. Menschen, die so leben, sind ständig bemüht, alles perfekt zu machen.

Eine ausländische Frau, die nach Deutschland zog, bemühte sich von Anfang an sehr, die deutsche Sprache ganz perfekt zu sprechen. Sie sprach sehr langsam, weil sie jeden Satz genau überlegte, damit sie keinen grammatikalischen Fehler machte. Sie war deshalb immer sehr angespannt. Jeder wusste, dass sie Ausländerin war und die deutsche Sprache erst lernte. Niemand hätte etwas dabei gedacht, wenn die Sätze nicht perfekt gewesen wären. Sie aber hatte Angst, dass sie weniger angesehen ist, wenn sie nicht ganz perfekt deutsch spricht, wie sie mir selber sagte. Der Wert des Menschen hängt nicht davon ab, ob er alles richtig macht. Wenn wir zu sehr auf unsere eigenen Fehler fokussiert sind, dann fällt es uns schwer, ein positives Bild von uns zu formen.

Manche Menschen gehen jeden Tag ins Fitness studio und strampeln sich ab, wollen einen perfekten Körper zeigen. Andere machen Überstunden und rackern sich in der Firma ab, nur um gut vor dem Chef dazustehen. Doch all das Streben nach Bessersein führt schlussendlich nur zu emotionaler Belastung, denn es ist meist von Angst getrieben;

Angst, nur geliebt zu werden, wenn man perfekt aussieht, die höchste Leistung bringt, usw. Wir tun alles, nur um geliebt zu werden. Wir denken, dass wir uns die Liebe verdienen müssen. Doch egal, wie wir uns bemühen, wir bekommen nicht die Liebe, die wir uns so sehr wünschen. Wir bekommen höchsten einen Burnout oder fallen in Depressionen. Manchmal lehnen wir uns sogar selber ab.

Ein achtjähriger Junge, der die Leistung in der Schule nicht bringen konnte, von der er dachte, dass die Eltern sie erwarten, sagte eines Tages zu seiner Mutter: „Es wäre besser, wenn ich nicht geboren worden wäre. Ich bin für alle nur eine Last." Diese Worte gehen tief. Die Mutter weinte, als sie es mir erzählte.

… in die Liebe des Partners kommen

Die erste Liebe in unserem Leben ist normalerweise die zu unseren Eltern. Im Laufe unseres Lebens kommen weitere Personen dazu. Wir lieben vielleicht Geschwister, Freunde, Verwandte, Nachbarn, usw. Irgendwann, in der Pubertät oder später, erleben wir eine andere Liebe. Wir verlieben uns. Wir erleben die Liebe als Verliebtsein. Wir fühlen uns

„im siebten Himmel". Wir spüren uns viel intensiver und sehr lebendig. Wir haben „Schmetterlinge" im Bauch und schauen durch eine „rosarote Brille". Deshalb sehen wir auch nur das Positive am Partner oder der Partnerin. Doch dieser Energieschub ist nicht von Dauer, wir können ihn nicht festhalten. Oft erwarten wir vom Partner, dass er uns immer dieses schöne Gefühl gibt. Wir machen ihn verantwortlich dafür, dass es uns gut geht. Wir machen die Liebe vom Partner abhängig, erwarten, dass er uns glücklich macht und uns immer alles gibt, was wir brauchen. Doch wahre Liebe ist nicht an Bedingungen geknüpft. Eine Liebe mit Bedingungen schwächt die Liebe ab, kann sogar das Gegenteil bewirken. In der wahren Liebe akzeptieren oder schätzen wir das Anderssein des Partners und machen uns nicht abhängig. Wir lieben ihn mit all seinen Macken. Wahre Liebe ist bedingungslos, lässt frei und fordert nicht.

Oft heiraten zwei Menschen, die meinen, sich zu lieben. Doch in Wirklichkeit hungern sie nur nach Liebe und hoffen insgeheim, dass der Partner bzw. die Partnerin diesen Hunger stillen kann. Und wenn dies beide tun, dann wird keiner satt. Wenn wir uns von einem Menschen abhängig machen, egal, ob in der Ehe, Freundschaft oder Therapie, fällt für uns eine Welt zusammen, wenn dieser Mensch nicht mehr da ist oder Schluss mit uns macht. Wenn wir dann nicht in der Selbstliebe sind, kann es leicht passieren, dass wir unser Leben beenden. Wie haben uns von der Liebe von außen abhängig gemacht und können nicht mehr leben, wenn diese nicht mehr da ist. Wer sich selber liebt, ist nicht auf die Liebe von außen angewiesen. Er ist nicht abhängig, klammert sich nicht an eine andere Person und verzweifelt nicht, wenn diese nicht mehr da ist oder ihn fallen lässt. Es ist ein großer Unterschied, ob wir unseren Partner brauchen oder ob wir ihn wollen. Wenn wir uns selber lieben, müssen wir nicht unseren Partner an uns binden. Wahre Liebe bedeutet Freiheit. Deshalb ist es auch wichtig, dem Partner in der Ehe seine Freiheit zu lassen.

Viele Paare trennen sich, sobald sie merken, dass die Beziehung schwierig wird oder der Partner nicht mehr erfüllen kann, was er in der ersten Verliebtheit erfüllt hat. Sie vergessen oder wissen nicht, dass jede Partnerschaft Höhen und Tiefen erlebt und dass jede gute Partnerschaft mit viel Arbeit verbunden ist. Zur wahren Liebe gehört, dass wir sie pflegen. Wenn wir die wahre Liebe gefunden und akzeptiert haben, verschwindet der Druck, selber perfekt sein zu wollen oder einen perfekten Partner haben zu wollen, denn dann lieben wir und wir müssen dem andern nichts vormachen. Wenn wir aber denken, dass wir ohne die Person, die wir lieben, nicht mehr leben können, versetzt uns das in eine Art Käfig - und wir vergessen unsere eigenen Bedürfnisse.

Manche Menschen wünschen sich die große Liebe, haben aber gleichzeitig Angst vor ihr. Sie lassen sich dann lieber nicht auf sie ein oder beenden die Beziehung, sobald es schön wird, sobald Nähe aufkommt, denn dann kommt auch die Angst. Sie können sich nicht fallen lassen, können dem Partner nicht voll und ganz vertrauen. Doch den Partner zu lieben bedeutet auch, sich ihm zu öffnen, verletzt zu werden. Wahre Liebe überwindet diese Angst.

... die Angst links liegen lassen

Wenn wir von der Angst in die Liebe, ins Vertrauen kommen, wird sich unser Leben zum Positiven verändern. Wir sind nicht mit der Angst auf die Welt gekommen. Die Angst hat sich im Laufe unseres Lebens entwickelt. Unsere Ängste sind nur da, weil wir angstmachende Erfahrungen in unseren Beziehungen zu anderen Menschen machen mussten, meist in der Kindheit. Und diese Ängste haben sich in uns manifestiert. Oft begleiten uns die Ängste aus unserer Kindheit in unserem weiteren Leben.

Sie schränken uns ein und hindern uns am wirklichen Leben. Wir sind dann voller Angst und in unseren Glaubensmustern gefangen. Angst ist die Basis vieler Konflikte. Oft gehen wir von Anfang an so verkrampft und misstrauisch an eine Sache ran, dass es gar nicht gut gehen kann. Entspannen wir uns doch ein bisschen.

Menschen, die Angst haben, lassen sich sehr leicht manipulieren. Und das wiederum wird von anderen Menschen ausgenutzt. In unserem Leben ist die Manipulation schon so normal, dass es uns gar nicht mehr auffällt. Wir kennen es nicht anders. Sogar in der Werbung wird mit Angst gearbeitet. Da heißt es z. B.: „Diese Creme schützt sie vor dem Altern Ihrer Haut!" Wir hören diesen Satz, sehen das Bild dazu und kaufen diese Creme, weil wir Angst vor einer runzligen Haut haben. Und schon sind wir manipuliert worden. Das ist ein Grund, warum ich keine Werbung anschaue.

Die Angst wird teilweise auch als Erziehungsmittel eingesetzt. Da wird den Kindern z. B. gesagt: „Wenn du um acht nicht zuhause bist, dann holt dich der Geist aus dem Wald." oder „Wenn du eine schlechte Klassenarbeit schreibst, bekommst du Hausarrest." Wenn wir ständig in der Grundhaltung der Angst sind, dann haben wir das Gefühl, Kontrolle zu brauchen. Wir brauchen jemanden, der uns sagt, was wir tun sollen. Wir geben unsere eigene Verantwortung ab. Doch so können wir nicht in die Liebe kommen. Denn die Liebe braucht keine Kontrolle, die Liebe ist frei.

In der Bibel steht: „Gott ist Liebe." Doch viele ältere Menschen leben noch mit dem angstmachenden Gott, der die Sünden bestraft. Gott wurde in den Kirchen lange als Angstmittel eingesetzt. Doch wir dürfen unsere Angst ablegen, denn Jesus hat gesagt: „Habt keine Angst!" und er hat für die Liebe plädiert. In Johannes 13, 34 – 35 lesen wir: „Ich gebe euch ein neues Gebot: Liebt einander! Ihr sollt einander lieben, wie ich euch geliebt habe. An eurer Liebe zueinander werden alle erkennen, dass ihr meine Jünger seid." Geben wir einander diese Liebe, damit auch wir in Liebe verbunden sind.

Wenn wir in der Liebe sind, fühlt sich das frei, hell, warm und beruhigend an. Wenn wir in der Angst leben, dann fühlt es sich eng, leer, kalt und dunkel an, egal, ob die Gefahr real ist oder nur in unseren Gedanken existiert. Bei einer realen Gefahr bringt uns die Angst zum Handeln. Wir rennen z. B. weg, wenn eine Lawine auf uns zurollt. Die Gefahr ist mit dem Wegrennen vorbei und die Angst auch. Wenn es sich um eine nichtreale Angst handelt, bleibt die

Angst bestehen. Sie ist nach einem Ereignis nicht vorbei. Wir malen uns oft die allerschlimmsten Dinge aus. Unsere Ängste werden zur Realität, obwohl gar keine reale Gefahr besteht. Wenn unsere Gedanken immer in der Vergangenheit schweifen oder sich zu negativ mit der Zukunft beschäftigen, wenn wir uns Szenarien vorstellen, die Angst auslösen, dann werden wir in der Angst bleiben. Jedes Gefühl, ob angenehm oder unangenehm, existiert nicht ohne einen dazugehörigen Gedanken. Es macht also Sinn, bei den Gedanken anzusetzen und diese zu beruhigen. Sie bestimmen unser Leben. Und wenn wir liebevolle Gedanken haben, dann können wir nicht gleichzeitig angstvolle Gedanken haben.

Die potentielle Gefahr entsteht oft aus einem Trauma, einer wirklichen Gefahr, die wir erlebt haben. Wir konnten damals nicht anders reagieren, weil wir vielleicht noch ein Kind waren. Wir mussten uns schützen, sonst hätten wir nicht überlebt. Aber jetzt können wir anders reagieren, jetzt brauchen wir die Angst nicht mehr. Wir können auf Gott vertrauen, ihn immer wieder bitten, unsere auf Angst basierenden Gedanken zu heilen. Wenn wir in Gott sind, brauchen wir keine Angst zu haben. Die vollkommene Liebe vertreibt alle Furcht und Angst. In der Angst zeigen wir unsere eigene Unsicherheit nach außen. Damit können wir die Welt nicht verändern. Wenn wir aus der Angst in die Liebe kommen, haben wir Vertrauen und Hoffnung und wir finden eine Lösung. In der Angst können wir die Lösung nicht erkennen, weil wir darin gefangen sind und den Horizont nicht mehr sehen. Deshalb ist es wichtig, aus der angstmachenden Situation auszusteigen. Dann haben wir einen anderen Blickwinkel, weil wir in der Position des Dritten die Situation von außen betrachten. Dann wird es uns möglich, die Lösung zu erkennen.

Der Hirnforscher Gerald Hüther sagte: „Vielleicht sollten wir es mal mit der Liebe versuchen, weil die Angst die letzten 10.000 Jahre wohl keinen Erfolg gebracht hat." Je mehr Angst wir haben, desto weniger Platz ist für die Liebe da, denn wo Angst ist, kann keine Liebe sein. Wenn wir uns aber für die Liebe entscheiden, wird sich unser Denken und Handeln und damit unser Leben verändern. Wir werden einen anderen Weg einschlagen. Oft verändert sich dadurch auch der Freundeskreis. Alte Freunde gehen und neue kommen. Wir merken, dass uns bestimmte Menschen nicht oder nicht mehr gut tun und brechen den Kontakt ab oder minimieren ihn zumindest. Der Schritt ist oft nicht einfach, ist aber für unsere Weiterentwicklung wichtig und notwendig.

Vielleicht verzweifeln wir fast, weil wir schon so viele Therapien hinter uns haben, aber unser Zustand hat sich trotzdem nicht verbessert. Es kann sein, dass wir die Therapien nur gemacht haben, weil andere Leute sie uns empfohlen haben, wir es selber aber gar nicht so richtig wollten. Da kann eine Therapie nicht wirken. Eine Therapie kann noch so gut sein, wenn wir innerlich noch nicht so weit sind, noch nicht bereit sind, unsere Seele noch nicht so weit ist, kommen wir keinen Schritt weiter. Wir müssen bereit sein, uns die Vergangenheit anzuschauen, zu erkennen, was damals gelaufen ist und welchen Einfluss das auf unser jetziges Leben hat und dann aufgrund dieser Erkenntnisse unser Leben ändern und zwar im eigenen Tempo. Wenn wir uns drängen lassen oder etwas nur tun, weil es der Therapeut uns vorschlägt oder von uns verlangt, geraten wir unter Druck. Und Druck erzeugt wieder Angst. Das hilft uns nicht.

Die Pippi-Langstrumpf-Geschichten von Astrid Lindgren kennen wir wahrscheinlich alle. Pippi ist stark und furchtlos. Sie hat sich völlig dem Leben im Hier und Jetzt hingegeben. Sie ist in der Liebe. Ihr Vater ist auf See und ihre Mutter ist gestorben. Pippi ist deswegen nicht verzweifelt, ganz im Gegenteil. Sie lebt in ihrem Haus, mit Äffchen und Pferd, liebt das Leben und freut sich am Leben.

Als sie mit Tommy und Annika unterwegs ist und ein starker Sturm aufkommt, bekommen Tommy und Annika Angst. Sie sagen: "Der Sturm wird immer stärker!" Pippi erwidert: "Macht nichts. Ich auch." Pippi holt bei sich selber Vertrauen. Sie ist immer im Tun, handelt einfach. Für sie gibt es keinen Grund, Angst zu haben, ganz im Gegensatz zu Annika, die ständig Angst hat. Pippi ermutigt sie immer wieder, traut es Annika zu, weil sie sie lieb hat und auch Annika wird stärker, verliert mehr und mehr ihre Angst. Liebe traut dem anderen etwas zu. Als Jesus dem Petrus nach einer stürmischen Nacht auf dem Wasser entgegenlief, sagte Petrus zu ihm: „Herr, wenn du es wirklich bist, befiel mir, auf dem Wasser zu dir zu kommen." (Matthäus 14,28-31). Und Jesus traute es ihm zu. „Dann komm!", sagte er. Doch Petrus bekam Angst vor der eigenen Courage und begann zu sinken. Jesus reichte Petrus die Hand, hielt ihn fest und zog ihn raus. Es ist wichtig, dass wir einander ermutigen und uns gegenseitig etwas zutrauen. Manchmal müssen wir dem andern aber zusätzlich eine helfende Hand reichen, ihn rausziehen, ihn unterstützen. Das ist Nächstenliebe.

... der mächtigen Liebe begegnen

Ich möchte dieses Kapitel mit einem Gedicht von Laotse beenden.

DIE MACHT DER LIEBE

Verantwortung ohne Liebe macht rücksichtslos.
Gerechtigkeit ohne Liebe macht hart.
Wahrhaftigkeit ohne Liebe macht kritiksüchtig.
Klugheit ohne Liebe macht betrügerisch.
Freundlichkeit ohne Liebe macht heuchlerisch.
Ordnung ohne Liebe macht kleinlich.
Sachkenntnis ohne Liebe macht rechthaberisch.
Macht ohne Liebe macht gewalttätig.
Ehre ohne Liebe macht hochmütig.
Besitz ohne Liebe macht geizig.
Erziehung ohne Liebe macht widerspruchsvoll.
Wissen ohne Liebe macht rechthaberisch.
Pflicht ohne Liebe macht verdrießlich.
Glaube ohne Liebe macht fanatisch.
aus: https://www.aphorismen.de/gedicht/83590

In die Gefühle tauchen …

Der 14. Dalai Lama sagte: „Wer wahres Mitgefühl anderen gegenüber entwickeln möchte, muss sich selbst erst eine Basis schaffen, auf der er Mitgefühl kultivieren kann – und diese Basis ist die Fähigkeit, sich mit seinen eigenen Gefühlen verbinden und für sein eigenes Wohlergehen sorgen zu können."

Bevor wir uns mit unseren eigenen Gefühlen verbinden können, müssen wir einen Zugang zu ihnen haben. Viele Menschen mit Depressionen oder anderen psychischen Krankheiten, aber auch Menschen, die nur noch Macht und Geld im Kopf haben, können ihre Gefühle nicht mehr spüren. Sie sind entweder tot oder abgestumpft. Ohne Gefühle ist alles starr innen drin im Körper. Man spürt nichts Lebendiges. Ohne Gefühle lebt ein Mensch nicht wirklich. Er kann aber nach außen hin funktionieren.

Viele haben auch einfach den Zugang zu den eigenen Gefühlen in der Hektik des Alltags vergessen. Es fällt ihnen schwer, ihre Gefühle wahrzunehmen und vor allem haben sie verlernt, ihren eigenen Gefühlen zu vertrauen. Wir müssen wieder lernen, uns mit unseren Gefühlen vertraut zu machen, denn nur dann können wir sie richtig deuten. Und wir sollten auf sie hören. Sie sagen uns, was für uns gut ist.

Wer jahrelang nur denkt und nicht fühlt oder nicht auf die Gefühle hört, dessen Leben wird leer und bedeutungslos werden, weil sich sein ganzes Leben nur im Kopf abspielt. Nur wenn das Leben von Herzen gelebt wird, kann innere Fülle ins Leben kommen. Und dazu gehören Gefühle. Sie sind das, was gerade da ist. Sie sind nicht mit Emotionen gleichzusetzen. Emotionen sind eine Reaktion auf die Gefühle, sie entstehen durch die Gefühle. Wer sich von seinen Gefühlen entfernt, der geht immer weiter weg und verliert sein ursprüngliches Ziel aus den Augen.

Es ist wichtig, unseren Gefühlen die notwendige Aufmerksamkeit zu geben. Wenn wir unsere Gefühle nicht achten, brauchen wir uns nicht zu wundern, wenn wir das Leben der andern leben. Wir erkennen das u. a. daran, dass wir unzufrieden sind und nicht so richtig wissen, wo diese Unzufriedenheit herkommt. Manchmal sind wir den ganzen Tag rumgerannt, haben das Kind irgendwo hingefahren, etwas für die Oma besorgt, das Kind wieder abgeholt usw. Am Ende des Tages merken wir vielleicht, dass wir unseren eigenen Gefühlen gar keinen Raum gegeben haben. Es ist so wichtig im Leben, uns immer wieder einen Moment der Ruhe zu gönnen, zu spüren, was wir gerade empfinden. Wenn wir unsere Gefühle ständig unterdrücken oder einfach nicht wahrhaben wollen oder können, ist es uns nicht möglich, ins Handeln zu kommen. Auf Dauer werden wir krank.

Wenn wir uns anschauen, wie unsere Gefühle nach außen wirken, dann können wir auch wahrnehmen, was andere Menschen brauchen. Wir können unsere Gefühle beobachten und mit diesen Gefühlen die Reaktion der Menschen. Wir können es auch andersherum machen. Dazu setzen wir uns in ein Café und beobachten die Menschen, wie sie hereinkommen, sich begrüßen, unterhalten und verabschieden. Das lässt uns verschiedene Reaktionen und Handlungsweisen sehen und dadurch Gefühle besser kennenlernen. Wenn wir die Gefühle der anderen wahrnehmen, löst das auch bei uns selber Gefühle aus. Wir müssen aber immer unterscheiden, ob es unsere eigenen Gefühle sind oder ob wir die Gefühle von anderen Menschen übernommen haben.

Eine Theaterausbildung ist übrigens eine hilfreiche Methode, sich intensiv mit Gefühlen zu beschäftigen. Jeder Schauspieler muss sich eingehend mit der Frage beschäftigen: „Woran erkenne ich die einzelnen Gefühle, was passiert da in meinem Körper, wie kann ich die Gefühle glaubhaft rüberbringen? Das muss geübt werden, das kann man nicht theoretisch lernen. In der Theaterausbildung haben wir die Gelegenheit, diese Gefühle intensiv zu üben.

Dort sehen wir, wie der andere agiert, aber auch wie wir selbst in unserer Rolle vorgehen. Uns ist klar, dass der andere nicht in Wirklichkeit so ist, dass er diese Rolle nur spielt. Doch wir können nur gut spielen, wenn wir uns in den andern einfühlen. Je besser wir verstehen, was unser Gegenüber spielt, desto besser können wir unsere eigene Rolle spielen. Auf der Bühne ist es wichtig, Gefühle überzeugend darzustellen. Ein Schauspieler, der nicht in seine Rolle schlüpfen kann, kommt beim Zuschauer nicht überzeugend rüber.

... im Mitgefühl baden

Abseits der Bühne drücken Gefühle unsere Bedürfnisse aus. Wenn wir uns hilflos, ängstlich oder verbittert fühlen, sehnen wir uns meist nach Verbundenheit und wünschen uns Mitgefühl. Wir sehnen uns danach, dass jemand da ist und an unserer Not, unserem Schmerz Anteil nimmt. Ein Schmerz ist viel leichter zu ertragen, wenn wir ihn jemanden erzählen können, ihn mit jemanden teilen können.

Im Kind kann sehr früh die Fähigkeit gefördert werden, selbst Fürsorglichkeit zu empfinden, nämlich wenn die Mutter sich ihm liebevoll zuwendet. Neulich saß eine Mutter bei mir auf dem Sofa während ich versuchte, ihrem achtjährigen Sohn die Mathematik nahezubringen. Plötzlich fing sie an zu weinen. Ihr Sohn zögerte keinen Augenblick, aufzustehen, zu ihr hinzugehen, sie zu umarmen und zu fragen: „Mama, was ist los?" Es war so berührend zu sehen, wie der Sohn die Mutter tröstete. Kinder haben viel mehr Fähigkeiten als wir ihnen zugestehen. Sogar Kleinkinder können schon trösten. Ich erlebe im Kindergarten immer wieder, wie die Kinder sich untereinander Trost spenden, wie ein Kind auf ein weinendes Kind zugeht, es umarmt und gute Worte findet. So rührend!

Trost spenden können wir nur, wenn wir das Leid des andern wahrnehmen und uns in ihn einfühlen können, wenn wir von der Empathie ins Mitgefühl kommen. Wir empfinden dann teilnehmende Sorge für unseren Nächsten und sind gleichzeitig motiviert, sein Leid oder Leiden zu lindern. Wir fühlen das Leid, lassen uns aber nicht in dieses Leid hineinziehen. Wir nehmen Anteil an seinen Gefühlen, seiner Angst, seinem Schmerz und seinen Sorgen. Wir gehen in Verbindung mit ihm und lindern sein Leiden, indem wir einfach für ihn da sind und wohlwollend und liebevoll mit ihm umgehen, ihm Linderung für sein Leid wünschen und für ihn beten.

Eine Mutter beispielsweise kann die Angst ihres Kindes nur verstehen, wenn sie sich liebevoll dem verängstigten Kind zuwendet, ganz bei ihm ist, ihm zuhört und sich in das Kind einfühlt. Wenn sie ihm wohlgesonnen ist, kann sie ihm das geben, was es braucht. Sie kann ihm zeigen, wie es besser mit der Angst umgehen kann. Sie kann es mit liebevollen Worten beruhigen und ihm körperliche Wärme und Zuwendung geben. Wenn sie das Kind aber nur bedauert, hilft das dem Kind nicht.

Ein Heiler erzählte, dass er bei einer Frau, der es wirklich sehr schlecht ging, Gott um mehr Heilkraft gebeten habe, um auch dieser Frau helfen zu können. Er hat sie aber nicht bekommen. Stattdessen hat er von Gott die Antwort bekommen, dass er nur jeden heilen wolle, aus purem Mitleid und dabei nicht über den Weitblick verfüge, sehen zu können, was für die Seele des Menschen das Beste sei. Dieser Heiler war nicht im Mitgefühl, sondern im Mitleid. Er wollte alles Leid aus der Welt schaffen. Aber oft müssen Menschen durch das Leid hindurchgehen, um zu wachsen. Das ist vermutlich auch der Grund, weshalb ein Heiler dem einen helfen kann und dem andern nicht.

Besonders wenn ein uns nahestehender Mensch großes Leid erfährt, kann das auch für uns sehr belastend sein. Wenn wir von der Empathie, die wir empfinden, ins Mitgefühl gehen, können wir die Gefühle unseres Nächsten nachempfinden. Beim Mitleid hingegen gehen wir in das Leid des andern hinein und leiden selber mit. Deshalb schadet Mitleid eher als es hilft. Das eigene Leid blockiert die Empathiefähigkeit und macht es uns schwerer, sensibel auf den andern einzugehen, weil wir im Leid des andern stecken und deshalb nicht von außen auf das Leid sehen können. Es ist dann, wie wenn wir im eigenen Leid gefangen sind. Wenn wir das Leid aber als Außenstehender betrachten, sehen wir klar und finden Lösungsmöglichkeiten. Wir müssen uns bewusst sein, dass wir unserem Mitmenschen sein Leid nicht abnehmen können, wir können ihm nur helfen, es leichter zu ertragen. Wenn wir mit ihm leiden, dann sinkt er nur noch stärker in sein Leid hinein und auch bei uns kann das zu emotionaler und psychischer Erschöpfung führen.

Eine Mutter, die Mitleid mit ihrem kranken Kind hat und immer wieder sagt: „Du hast es schon schwer mit deiner Krankheit. Mir tut das richtig weh, wie du leidest.", trägt dazu bei, dass sich die Krankheit des Kindes noch weiter verstärkt. Es ist eine Art Liebe von der Mutter, die das Kind erwidert, indem es krank bleibt. Es leidet weiter. Das ist ungefähr so, wie wenn ein Vater seinem Kind immer wieder sagt, dass das Kind es nie zu etwas bringen wird. Das Kind wird es dann auch zu nichts bringen, weil es die Prophezeiung des Vaters erfüllen will. Das Programm läuft natürlich unbewusst ab.

Schauen wir uns einmal den Alltag einer Krankenschwester auf der Intensivstation an. Sie ist den ganzen Tag von schwerkranken Menschen umgeben. Sie sieht täglich deren Leid, deren Angst und Verzweiflung. Wenn sie ständig ins Mitleid verfällt, kann sie den Patienten nicht helfen. Sie wird selbst krank und ist nach kurzer Zeit ausgebrannt. Eine Krankenschwester muss lernen, das Leid des Patienten zwar wahrzunehmen und zu fühlen, dann aber wieder loszulassen und aus dem Leid rauszugehen. Es ist das Schicksal der Patienten, nicht ihr Schicksal. Wir machen alle schwierige Erfahrungen durch, der eine mehr, der andere weniger. Wenn uns das bewusst ist, können wir Menschen, denen es nicht gut geht, mit Verständnis, Geduld und Güte begegnen. Die Krankenschwester kann den Patienten Heilung wünschen, sie liebevoll behandeln, ihnen die Hand halten, für sie da sein und mit ihnen reden, damit sie ihre Situation annehmen und liebevoll mit sich umgehen können. Was die Krankenschwester ausstrahlt, überträgt sich auf die Patienten. Bei einer Krankenschwester, die mitfühlend handelt, fühlen sich die Patienten wohl und diese Krankenschwester stumpft nicht ab, denn Mitgefühl führt weder zu Frustration noch zu Hilflosigkeit. Mitgefühl schenkt uns und unserem Gegenüber Mut, Kraft und Liebe. Es aktiviert positive Gefühle wie

Nähe und Verbundenheit. Ein Mensch, dem es nicht gut geht, braucht unser Verständnis und unsere Hilfe. Das spüren wir auch. Schon das Gefühl, dass wir für den Nächsten da sind, erleichtert ihm sein Leid.

… auf Augenhöhe bleiben

Mitgefühl funktioniert auf Augenhöhe. Ich möchte das am Beispiel eines Bettlers verdeutlichen: In der Fußgängerzone sitzt ein Bettler auf dem Boden, neben ihm steht ein Hut. Wie reagieren wir? Wir haben vielleicht Vorurteile gegenüber Bettlern. Vielleicht denken wir, dass der Bettler zu faul zum Arbeiten ist und beschließen deshalb, dass wir ihm kein Geld geben. Wir müssen schließlich auch arbeiten für unser Geld. Wir ärgern uns und sagen vielleicht noch etwas Unschönes zu ihm, verurteilen ihn. Das Wort „Vorurteil" besteht aus den Worten „vor" und „Urteil", d. h. wir treffen ein Urteil, bevor wir den Menschen überhaupt kennengelernt haben. Wenn wir auf einen Menschen nicht offen zugehen, sondern ihm mit Vorurteilen begegnen, ist die Gefahr groß, dass wir vieles übersehen und uns mehr von unserem inneren Bild leiten lassen als von dem, was wir wirklich wahrnehmen. Wir sehen, dass da ein Mensch sitzt, der uns bittet, ihm etwas zu geben. Wir wissen nicht, was ihm passiert ist und warum er da sitzt und bettelt. Wir haben Mitleid mit ihm und werfen ein paar Münzen in seinen Hut, so ganz im Vorbeigehen, ohne ihn anzuschauen. Es soll möglichst niemand mitbekommen. Damit haben wir unser Gewissen beruhigt, sind aber keinerlei Verbindung mit dem Bettler eingegangen. Wenn wir jedoch Mitgefühl mit ihm haben, verhalten wir uns ganz anders. Wir nehmen den Bettler als Menschen wahr. Wir bemerken, dass es dem Bettler nicht gut geht, wenn er hier sitzen muss und die bemitleidenden, erniedrigenden oder ärgerlichen Blicke oder die Gleichgültigkeit der Menschen ertragen muss. Sobald wir den Bettler als einen leidenden Menschen wahrnehmen und Mitgefühl mit ihm haben, verbindet sich unser Herz mit ihm. Wir lächeln ihn an, wenn wir Geld in seinen Hut werfen oder wir reden ein paar nette Worte mit ihm. Ein Bettler braucht unsere Liebe, unseren Segen, unsere Anerkennung. Wenn wir ihn auf Augenhöhe betrachten, ihm Achtung entgegenbringen, dann passiert etwas in ihm, dann kann sich sein Leben zum Besseren wenden.

... die Spuren nachvollziehen

Manchmal sind Menschen unpünktlich oder haben sonstige Macken. Wir können uns bei jeder Begegnung mit ihnen über ihr Verhalten aufregen. Wir können uns aber auch fragen, was für ein Problem der Mensch wohl hat, dass er z. B. immer zu spät kommen muss. Wir wissen es nicht. Vielleicht hat die Person noch einen wichtigen Anruf bekommen und ist deshalb zu spät dran oder ihr Kind ist krank geworden und sie musste es noch zum Arzt oder zur Oma bringen oder sie hat vor Aufregung Durchfall bekommen und musste zuerst die Toilette aufsuchen. Wenn eine Person öfters oder immer unpünktlich ist, können wir sie darauf hinweisen. Vielleicht ist ihr gar nicht bewusst, dass andere Menschen ihre Unpünktlichkeit als unhöflich und anstrengend empfinden. Wenn wir nachsichtiger mit anderen Menschen sind, leben wir entspannter. Es ist nicht alles Absicht, was andere Menschen machen. Wenn wir die Mitmenschen näher kennenlernen und wirklich Interesse für sie zeigen, dann fällt es uns viel leichter, uns in sie hineinzuversetzen.

Ein Autofahrer, der mit langsamer Geschwindigkeit vor uns fährt, nervt uns meist. Wir regen uns auf und sagen: „Hat der seinen Führerschein im Lotto gewonnen?" oder „Warum lässt man so jemanden überhaupt auf die Straße?" Wir verurteilen ihn, obwohl wir gar nicht wissen, warum er so langsam fährt. Er macht es bestimmt nicht, um uns zu ärgern. Vielleicht geht es ihm nicht besonders gut oder er fährt gerade seine Katze zum Tierarzt. Da muss er langsam fahren. Vielleicht hat er auch Angst, weil er erst vor kurzem einen Unfall hatte oder es ist ein alter Mann oder jemand, der den Führerschein erst seit kurzem hat und sich unsicher ist. Wenn wir so denken statt ihn zu verurteilen, dann empfinden wir Mitgefühl für ihn. Wir können verstehen, dass er langsam fährt und wir werden ruhiger. Vielleicht überdenken wir sogar unser eigenes Fahrverhalten.

Sich für andere zu interessieren ist ganz eng mit Empathie verbunden. Wir zeigen echtes Interesse, wenn wir uns beim andern erkundigen, wie es ihm geht, was ihn gerade bewegt, was er braucht oder ablehnt. Wenn ich weiß, warum der andere etwas tut, dann kann ich ihn besser verstehen und ihm besser helfen, dann entwickle ich keine Wut ihm gegenüber und kann besser mit ihm umgehen. Eine Bekannte von mir änderte ihr Verhalten mir gegenüber ganz plötzlich. Sie schrie mich an und beschuldigte mich. Ich kam damit überhaupt nicht klar und ich erwartete eine Entschuldigung von ihr. Es kam aber nichts. Nach Wochen des Grolls traf ich zufällig ihre beste Freundin. Sie wusste von der Sache und erklärte mir, warum die Frau so gehandelt hatte. Sofort verwandelte sich mein Groll in Verständnis. Ich konnte zwar das Verhalten der Frau immer noch nicht billigen, aber ich konnte es verstehen und war ihr nicht mehr böse.

Vor einigen Jahren begleitete ich in der Schule einen Jungen mit der Diagnose ADHS. Er verhielt sich sehr unsozial. Ich saß in der Schule neben dem Jungen und konnte ihn so näher kennenlernen und besser verstehen. Ich beobachtete den Jungen, fühlte mich in ihn hinein und half ihm, aber ich verurteilte ihn zu keinem Augenblick. Mir war es wichtig, zu wissen, warum sich dieser Junge so verhielt. Auf diese Weise konnte er in die Klasse integriert werden. Kinder teilen Botschaften oft durch ihr Verhalten mit. Diese Botschaften können wir nur erkennen, wenn wir echtes Interesse für das Kind zeigen, und uns näher mit ihm beschäftigen, uns in das Kind einfühlen, Mitgefühl mit dem Kind haben.

Mit Empathie und Mitgefühl können wir das Handeln und Sein anderer Menschen besser nachvollziehen, wir haben mehr Geduld und Verständnis, können angemessen mit den Gefühlen anderer umgehen und gezieltere Hilfe leisten. Zum Mitgefühl gehört, dass wir Leid erkennen und wahrnehmen. Zum Mitgefühl gehören freundliche Gefühle zu Menschen, die leiden, sodass der Wunsch entsteht, ihnen zu helfen, ihr Leid zu lindern. Und schließlich gehört zum Mitgefühl die Erkenntnis, dass wir alle nur Menschen sind, mit Stärken und Schwächen. Wir können aber nur eine mitfühlende Haltung zum Wohle von uns selbst und zum Wohle unserer Mitmenschen entwickeln, wenn wir die Verantwortung für unsere Gedanken und Gefühle übernehmen und klar handeln. Es ist wichtig, achtsam mit uns selbst umzugehen, auch uns selber freundlich und wohlwollend zu begegnen.

Aber trotz Empathie und Mitgefühl ist es wichtig, unserem Gegenüber seinen persönlichen Raum zu lassen, uns nicht aufzudrängen. Nicht jeder möchte mit uns über die eigenen Gefühle oder die eigene Geschichte reden. Wir möchten doch alle nicht mit Mitgefühlen, Lösungsvorschlägen und Ratschlägen überschüttet werden. Es gilt, eine gewisse Sensibilität dafür zu entwickeln, was unser Gegenüber braucht und rechtzeitig für ihn da zu sein, aber uns auch rechtzeitig zurückzuziehen, achtsam auch mit uns umzugehen, wenn die emotionale Nähe oder das Leid zu viel wird. Auch umgekehrt ist es wichtig, dass wir, wenn wir im Leid stecken, nicht zu viel Mitgefühl von anderen erwarten. Das kann abhängig machen, so dass wir dann nur noch mit deren Mitgefühl leben können.

... durch das Leid schwimmen

Wenn wir eine Niederlage, eine Enttäuschung oder eine Verletzung erleben, dann kann das sehr schmerzhaft für uns sein. Durch entsprechende Reaktionen auf den Schmerz verstärkt sich das erlebte Leid und der Schmerz wird aufrechterhalten. Wenn wir die gemachten Erfahrungen nicht beachten, vernachlässigen oder ständig darin bohren, kommen wir noch weiter in den Schmerz hinein, verfallen ins Selbstmitleid. Wir kreisen immer mehr um unsere Leidensgeschichte und verstricken uns letztendlich darin. Wir leben in ihr und fühlen uns allein und unverstanden mit unserer Not. Dahinter ist meist die Sehnsucht, von einem anderen Menschen in der eigenen Not gehört und gesehen zu werden und Zuwendung zu bekommen. Wir können unser Leid verdrängen, wir können aber auch die Belastung im Körper spüren und anerkennen, dass wir gerade leiden. Leid gehört zum Leben. Es ist nur die Frage, wie wir damit umgehen. Anstatt uns zu verurteilen oder auf Mitgefühl oder Mitleid von außen zu warten, sollten wir uns liebevoll um diesen Schmerz kümmern, uns selber mit Freundlichkeit begegnen. Wir können uns diese Zuwendung und Berührung selbst geben. Wir können das Leid anerkennen, uns Verständnis entgegenbringen und uns bewusst machen, dass auch andere Menschen schwere Zeiten durchleben.

Doch oft bauen wir einen dicken Schutzpanzer um uns herum, um den Schmerz nicht spüren zu müssen und - je nachdem, was vorgefallen ist - vor andern nicht als Schwächling oder Feigling dazustehen. Schmerz entsteht nämlich auch, wenn unser Pflichtgefühl zu groß ist. Wir wollen jedem alles recht machen und alles erfüllen, so dass die andern sich hundertprozentig auf uns verlassen können. Wir gehen dann z. B. irgendwo mit, nur weil es der andere will, obwohl wir wissen, dass wir uns dort nicht wohlfühlen werden. Wir denken, dass wir so der Kritik von außen entgehen und die Beziehung zu bestimmten Menschen aufrechterhalten können. Hinter vielen Verhaltensweisen, mit denen wir uns überfordern oder selber schaden, steckt das Bedürfnis, dazuzugehören und Anerkennung zu bekommen. Wichtig ist aber, zu uns selbst zu stehen, gerade dann, wenn wir überfordert sind. Wenn wir uns z. B. in einer Gruppe nicht wohl fühlen, können wir die Gruppe verlassen statt zu meinen, es aushalten zu müssen. Das ist Mitgefühl mit uns selbst.

Manchmal sind wir verärgert über uns selbst, weil wir z. B. etwas gesagt haben, was wir besser nicht gesagt hätten. Beispiel: Wir fragen eine Frau mit einem dicken Bauch, ob sie schwanger ist. Wenn sie es nicht ist, sondern nur zugenommen hat, dann ist das sehr peinlich für uns. Solche Augenblicke erkennen wir oft nicht als eine Art von Schmerz, der Mitgefühl verdient hätte. Wir haben ja Mist gebaut, da müssten wir uns eigentlich bestrafen. Aber würden wir unsere Freunde bestrafen, wenn sie uns das gefragt hätten? Jeder Mensch macht Fehler. Das ist das Leben. Und jeder Mensch hat Mitgefühl verdient. Kein Mensch ist perfekt. In unserer Gesellschaft fordert man immer mehr von uns und gibt uns immer das Gefühl, dass unser Bestes nicht gut genug ist. Und dann beginnen wir, uns selbst zu verurteilen. Und das schadet uns. Wenn uns bewusst ist, dass wir nicht perfekt sein müssen, können wir uns besser akzeptieren und uns besser und sicherer fühlen. Die Erwartung des Perfektionismus macht unzufrieden. Zufriedenheit erreichen wir, wenn wir uns selbst das Mitgefühl geben, das wir brauchen, indem wir das Leben in all seinen Schwierigkeiten so nehmen, wie es kommt.

Es ist wichtig, eine gesunde Beziehung zu uns selbst aufzubauen. Wenn wir dem Schmerz mit liebevoller Zuwendung begegnen, wenn wir Mitgefühl empfinden, so schwierig dies oft in dieser wettbewerbsorientierten Gesellschaft ist, dann wird es uns besser gehen. Wenn wir unsere aufgewühlten Gedanken mit Selbstmitgefühl beruhigen, können wir deutlicher wahrnehmen, was richtig und was falsch ist, und kommen so in die Lage, uns in eine Richtung orientieren zu können, die uns Freude macht. Selbstmitgefühl schenkt uns einen Schutz vor den ständigen Selbstbewertungen.

Durch ein fürsorgliches Mitgefühl vermeiden wir destruktive Muster wie Furcht, Negativität und Isolation und kommen so in die Verbundenheit und Akzeptanz. Wir blühen auf und erlauben uns, das Leben sogar in schweren Zeiten als schön und reich zu empfinden. Wir erkennen den wahren Reichtum. Selbstmitgefühl kann Leiden in Freude verwandeln.

Wenn wir Probleme haben, ins Mitgefühl mit uns selbst zu kommen, können wir uns einen imaginären freundlichen und mitfühlenden Freund vorstellen, der vor uns steht und all unsere Stärken und Schwächen erkennt. Er teilt uns mit, was er empfindet und liebt uns genau so wie wir sind, mit all unseren Unvollkommenheiten.

Es kann auch selbstmitfühlend sein, wenn wir eine Person meiden, die keinen Respekt zeigt, uns nicht zuhört oder nur jammert. Das ist zu unserem eigenen Schutz, aus Achtung vor uns selbst.

Oft kommt eine Krankheit oder sonst ein Hindernis, wenn wir gerade meinen, unser Leben beginnen zu können. In uns tauchen dann Sätze auf wie: „Jetzt wollte ich gerade anfangen zu leben und dann kommt das.", oder „Immer wenn ich etwas machen will, kommt etwas dazwischen." Oft fangen wir dann zu hadern an oder stehen mit unserem Körper oder Gott auf Kriegspfad. Oder wir bekommen Angst und machen gar nichts mehr, denn wenn wir nichts machen, kann uns nichts passieren. Dann kann aber auch kein Wachstum stattfinden. Das Alte kommt oft wieder, weil es nochmal gesehen werden will. Wir können dann in uns gehen und schauen, was das

Alte noch will und uns dann von ihm verabschieden.

Es spielen viele Faktoren zusammen, dass wir so sind, wie wir sind, z. B. Gene, Familiengeschichte, Lebensbedingungen usw. Das sind alles Umstände, die außerhalb unserer Kontrolle liegen. Es ist wichtig, zu akzeptieren wie wir sind. Das bedeutet aber nicht, dass wir uns auf unseren Lorbeeren ausruhen können. Wir müssen trotzdem an uns arbeiten. Aber wenn wir etwas erst einmal annehmen, anerkennen und liebevoll mit ihm Freundschaft schließen, kommen wir besser damit zurecht. Wir kommen ins Mitgefühl. Dann können wir die Schuld ablegen und in die Verantwortung kommen.

Zum Selbstmitgefühl gehören die gleichen Eigenschaften wie zum Mitgefühl für andere. Wir halten inne, um unser eigenes Leid zu erkennen. Wir nehmen den Schmerz zur Kenntnis. Oft erkennen wir nicht, dass wir an dem Schmerz leiden, weil wir meinen, dass wir uns nicht beklagen dürfen und einfach durchhalten müssen. Wenn wir uns in einer belastenden Situation befinden, sollten wir einen Schritt zurücktreten, um wahrzunehmen, wie schwer das gerade für uns ist. Danach können wir fürsorglich und verständnisvoll mit uns umgehen. Wir bekommen dadurch Kraft und Zuversicht. Es ist wichtig, uns dieselbe Freundlichkeit und Fürsorge und dasselbe Mitgefühl entgegenzubringen wie unserem Nächsten.

Wenn wir die eigene Person ständig verurteilen und kritisieren, während wir versuchen freundlich zu andern zu sein, kann das zum Gefühl der Trennung und Isolation führen. Das ist das Gegenteil von Einssein, Verbundenheit und universeller Liebe. Fassen wir uns ans Herz, umarmen wir uns selbst. Wir können unsere Körperempfindungen achtsam und freundlich wahrnehmen. Dadurch werden wir mehr geerdet, lebendiger und mit unserem Körper verbunden. Wir können achtsam gehen, jeden Schritt bewusst wahrnehmen. Auch das hilft, uns zu erden. Gleichzeitig können wir uns vorstellen, dass wir mit Gott, mit der Quelle verbunden sind. Wir sind oben an Gott angebunden und unten in der Erde verankert.

... am Nichtschwimmerbecken vorbei

Wir sind schnell dabei, einen Schuldigen für unser Leid zu suchen. Bei chronischen Krankheiten schieben wir es auf genetische Veranlagungen. „Ich kann nichts dafür, das habe ich von meinem Papa geerbt." Manchmal sind wir sogar wütend und sagen: „Diese blöde Erbkrankheit, nur ich habe sie geerbt, meine Geschwister sind gesund. Das ist unfair." Und schon sind wir im Mitleid. Wir suchen immer Schuldige und versinken im Mitleid. Wenn wir das Ganze aber mit Mitgefühl angehen, dann akzeptieren wir die Krankheit und gehen liebevoll mit ihr um. Und statt uns zu ärgern, dass wir z. B. schon wieder einen Asthmaanfall oder einen Rheumaschub haben, der uns wieder daran hindert, das zu tun, was wir gerne möchten, können wir die Krankheit liebevoll fragen, warum sie sich denn gerade jetzt meldet. Oder drehen wir den Spieß mal um: Sehen wir es als Ehre, dass wir auserwählt wurden, die Erbkrankheit weiterzutragen und nicht unsere Geschwister. Und danach können wir uns fragen, ob es sinnvoll ist, diese Krankheit weiter aufrechtzuerhalten. Wenn wir zu der Meinung kommen, dass es nicht sinnvoll ist, können wir einen Weg suchen, die Erbkrankheit in dieser Generation zu beenden.

Manchmal geben wir dem Chef oder den Therapeuten die Schuld, weil sie uns nicht genügend unterstützt oder wertgeschätzt haben oder der Arzt ist schuldig, weil er uns nicht richtig untersucht hat und uns das falsche Medikament gegeben hat. Wenn wir einen Schuldigen haben, bekommen wir das Gefühl der Erleichterung, denn die Verantwortung liegt dann nicht bei uns, sondern beim andern. Es ist aber unser Leben und deshalb müssen wir die Verantwortung dafür selbst übernehmen. Wenn wir wirklich im Mitgefühl sind, geben wir niemand andern die Schuld an unserem Zustand. Stattdessen überlegen wir, was wir tun können, um uns zu helfen. Wir spüren in uns hinein, was wir brauchen. Es gibt meist Möglichkeiten, das Leid zu lindern. Dazu ist es aber wichtig, dass wir uns selbst umsorgen. Es bringt nichts, uns zu bemitleiden und auf andere neidisch zu sein, weil sie vieles können, was wir nicht können. Wenn wir sagen: „Ich Arme, die andern können das, ich nicht. Ich bin gestraft mit meiner Krankheit.", dann hilft uns das nicht. Es geht uns nur schlechter dabei. Wir müssen unser Mitleid in Mitgefühl umwandeln und die Dinge anders angehen. Wir können z. B. sagen: „Es ist zwar schade, dass ich diese Sportart nicht ausüben kann, aber es gibt viele andere Dinge, die ich tun kann." Wenn wir so denken, dann leben wir nicht mehr im Schmerz, dass wir eingeschränkt sind, sondern wir tun das, was uns möglich ist. Dann geht es uns besser, weil wir zufriedener sind, nicht mehr hadern und uns nicht mehr bemitleiden.

Wir müssen unserem Körper wieder vertrauen, auf ihn hören. Unser Körper und wir sind ein Team, bei dem gute Zusammenarbeit notwendig ist. Unterstützen wir ihn liebevoll, umsorgen wir ihn. Seien wir dankbar für das kostbare Geschenk, in einem menschlichen Körper zu sein. Und dann kann es sein, dass die Krankheiten plötzlich verschwinden oder zumindest an Intensität verlieren, außer sie haben noch einen anderen Zweck. Diesen können wir dann herausfinden.

Vielleicht verspüren wir Trauer über das, was wir uns im Leben alles verwehrt haben oder darüber, wie hart wir zu uns waren. Und dann kommen wir ins Mitleid, weil wir so viel verpasst haben. Wir dürfen darüber nachdenken, das ist richtig und wichtig, aber wir müssen danach ins Hier und Jetzt zurückkommen. Die Vergangenheit ist vorbei. Wir können sie nicht mehr ändern. Es bringt nichts, wenn wir ständig nachtrauern, dass wir es so lange nicht gehabt haben. Versuchen wir es doch mal damit, dankbar zu sein, dass wir es jetzt haben.

In die Artenvielfalt eintauchen …

Es war im ersten Sommer der Corona-Krise. Ich bummelte durch die Fußgängerzone meiner Heimatstadt. Schon von weitem hörte ich einen Mann rufen: "Kann mir bitte jemand helfen!" Er saß im Rollstuhl vor dem Eiscafé. Doch keiner der vielen Menschen, die dort saßen, stand auf und half ihm. Auch von den Passanten bekam er keine Hilfe. Ich konnte das nicht mitansehen und lief Richtung Eiscafé. „Wie kann ich Ihnen helfen?", fragte ich den Rollstuhlfahrer. Er sagte: „Ich muss dringend ins Kurhaus auf die Toilette, aber ich kann allein mit meinem Rollstuhl nicht den Berg runterfahren." Ich legte meine Hände auf die Griffe seines Rollstuhls und schob ihn zum Kurhaus. Das kostete mich nur ein bisschen Zeit, sonst nichts. Es war eine Kleinigkeit, doch hier fängt die Menschlichkeit an. Ich kannte den Rollstuhlfahrer nicht, aber ich konnte ihm durch meine Hilfsbereitschaft zeigen, dass ich ihn wertschätze und das hat ihn sehr glücklich gemacht.

Wertschätzung geschieht schon, wenn wir die Bedürfnisse eines Menschen wahrnehmen, wenn wir uns mit dem Menschen befassen, ihm Hilfe leisten. Wir sehen, es ist nicht schwer, jemandem Wertschätzung entgegenzubringen. Wertschätzung kann auf verschiedene Arten ausgedrückt werden. Es kann die Bereitschaft sein, jemandem zu helfen, es kann auch ein Lob oder ein Kompliment sein, ein

Zublinzeln oder eine Umarmung. Menschen, denen wir eine Umarmung schenken, stehen uns normalerweise nahe. Eine Umarmung zeigt dem anderen, dass man ihn besonders mag. Umarmungen können heilen. Ich kenne eine Frau, die fährt von Ort zu Ort, setzt sich an einen Platz und umarmt die Leute, die kommen. Sie gibt ihnen einfach Liebe und Wertschätzung in Form von einer Umarmung. Viele dieser Leute erfahren Heilung.

Ein weiteres Zeichen der Wertschätzung kann auch ein Lächeln sein. Der Humorist Victor Borge sagte: „Ein Lächeln ist die kürzeste Entfernung zwischen zwei Menschen." Und damit hat er Recht. Nichts geht schneller als ein Lächeln, nichts kommt schneller beim andern an. Ein Lächeln wird sofort erkannt und registriert und meist auch prompt erwidert. Ein Lächeln vermittelt Wärme und Sympathie. Wertschätzung braucht keine großen Worte, keine großen Geschenke. Sie kommt aus dem Herzen. Ein wertschätzender Umgang miteinander erfordert nicht viel. Wertschätzung können wir überall praktizieren.

Meine Katze zeigt mir jeden Tag, dass sie wertgeschätzt werden will. Wenn sie reinkommt, dann will sie begrüßt und gestreichelt werden. Sie will gesehen werden. Wenn ich sie streichle und mich ihr ein paar Minuten widme, ist sie zufrieden. Wenn ich sie aber nicht weiter beachte, dann schreit sie - und zwar so lange, bis ich mich um sie kümmere. Ihr reichen ein paar Minuten, aber sie will Beachtung.

Jemanden zeigen, dass wir ihn wertschätzen, kostet uns nur ein paar Sekunden oder Minuten, wir bekommen es aber tausendfach zurück - wenn es bei uns aus der richtigen Absicht geschieht. Durch Wertschätzung können wir dazu beitragen, dass bei einem Menschen der Tag besser verläuft als ohne die Begegnung mit uns. Meine Mutter war im Alter viel allein. Sie sagte einmal zu mir: „Wenn ich einen Besuch bekomme, schätze ich das so sehr, dass ich noch wochenlang davon profitieren kann." Wenn wir so etwas hören, sollten wir doch mit Freuden den andern Menschen Wertschätzung zeigen.

… sich entfalten lassen

Zu wertschätzendem Verhalten gehört auch Ehrlichkeit. Besonders in Unternehmen wird oft gemauschelt, gelogen und getrickst. Macht hat der, der Ellbogen zeigt. Die andern gehen unter. Wäre es nicht besser, die Ellbogen würden durch Wertschätzung ersetzt? Wenn ein Chef seine Mitarbeiter weniger bewertet und mehr ihre individuellen Fähigkeiten schätzt und wenn die Mitarbeiter nicht auf Macht und Ansehen aus sind, sondern sich untereinander wertschätzen, dann passiert etwas mit diesen Menschen. Sie bekommen nämlich das Gefühl, wichtig für das Team zu sein. Dies wiederum wirkt sich auf deren Motivation aus. Die Mitarbeiter gehen viel lieber zur Arbeit, sind kreativer und gewillt, mehr Leistung zu bringen und mehr Zeit in das Unternehmen zu investieren. Das Betriebsklima verbessert sich. Die Ausspielungen und der ständige Konkurrenzkampf geht in ein friedliches Zusammenarbeiten über. Die Firma kann davon nur profitieren.

Dasselbe gilt für die Schule. Heutzutage bedeutet Schule, in immer kürzerer Zeit sich noch mehr Wissen anzueignen und sich in guten Noten zu beweisen. Die schwachen Schüler gehen unter. Für sie wird die Schule zur Qual. Die Kinder lernen, dass nur der angesehen ist, der gute Leistung bringt. Das Kind als Person wird nicht mehr wertgeschätzt, nur die Note. Von einigen Eltern werden gute Noten sogar mit Geld belohnt. Das kann sehr ungerecht gegenüber einem kognitiv schwächeren Geschwisterkind sein. Es bemüht sich vielleicht viel mehr und bekommt nichts. Jedes Kind gibt normalerweise sein Bestes und das sollte wertgeschätzt werden. Die Note ist zweitrangig. Wenn wir keine bestimmte Note erwarten, sind wir auch nicht enttäuscht. Dann schimpfen und bestrafen wir das Kind auch nicht. Das Kind hat ja nichts Schlimmes getan, es hat sich bemüht, ganz egal wie das Resultat ausgefallen ist. Diese Mühe sollten wir wertschätzen. Ansonsten könnte in dem Kind das Gefühl entstehen, dass es anders sein muss, um geliebt zu werden, dass es die Liebe nicht verdient hat. Wenn das passiert, geht das Wertvolle, das seine Persönlichkeit ausmacht, verloren.

Ein Kind, das von den Eltern und Lehrern als Person wertgeschätzt wird, baut Vertrauen zu den erziehenden Personen auf. Es kann dem Lehrer sagen, wenn es etwas nicht versteht und bekommt Verständnis dafür. Es kann offen zu den Eltern sein, muss keine Ausreden erfinden oder die Klassenarbeit heimlich selbst unterschreiben oder verstecken. Es kann mit jedem Problem zu den Eltern kommen. Ein Kind muss die Erfahrung machen, dass es wertvoll ist, dass es unabhängig von seinen Taten und Leistungen geliebt wird.

Kindern zeigen wir unsere Wertschätzung besonders, wenn wir in Augenhöhe mit ihnen sprechen. Wir gehen in die Hocke, dann können sie uns direkt in die Augen schauen. Schon allein das ist Wertschätzung. Es vermittelt dem Kind: „Du bist mir wichtig!" Wenn wir allerdings im gleichen Raum mit dem Kind sitzen, aber nur mit unserem Handy oder etwas anderem beschäftigt sind oder wenn die Eltern vor dem Kind darüber diskutieren, wer das Kind nimmt, dann schätzen wir unser Kind nicht wert. Das Kind bekommt vielleicht die Einstellung, dass es gar nicht erwünscht ist, nicht wertgeschätzt wird. Es lernt, dass die Eltern die Zeit lieber mit etwas anderem als mit ihm verbringen und fühlt sich womöglich als Last. Auch wenn dem Kind ein Missgeschick passiert, sollten wir es trotzdem wertschätzen. Ein Kind, das den Tisch abräumt, bemüht sich. Es will alles gut machen. Doch manchmal passiert es, dass ihm eine Tasse oder ein Teller ausrutscht und hinunterfällt. Wenn es nicht in Absicht gemacht wurde, haben wir keinen Grund, mit dem Kind böse zu sein. Es hat nichts Schlimmes getan. Im Gegenteil, es hat sich sehr bemüht und diese Bemühungen gilt es wertzuschätzen.

Für jeden Menschen, ganz egal wie alt er ist und was er arbeitet oder im Leben macht, ist es wichtig, die Erfahrung zu machen, dass er liebenswert ist, dass seine Gegenwart geschätzt wird. Wenn ein Erwachsener als Kind die Erfahrung machte, dass er nicht gewollt, geliebt und wertgeschätzt wurde, dann setzt sich das oft auch im Erwachsenenalter fort. Er traut sich z. B. nicht, in einer Gruppe etwas zu sagen, weil er denkt, dass es niemand interessiert, was er zu sagen hat. Er kann keine Freundschaften schließen, weil er denkt, dass die anderen nicht mit ihm befreundet sein wollen. Wenn wir merken, dass ein Mensch dieses Problem hat, dann braucht er unsere besondere Wertschätzung.

… Einzigartigkeit verschenken

An Weihnachten oder am Geburtstag werden Kinder oft mit materiellen Geschenken überhäuft. Auch zur Erstkommunion, Firmung oder Konfirmation bekommen sie oft mehrere hundert Euro geschenkt. Der eigentliche Sinn der Feste wird häufig nicht mehr wertgeschätzt. Die auf diese Weise beschenkten Kinder freuen sich meist nur auf die Geschenke. Und jeder Erwachsene will bei den Geschenken, die er dem Kind gibt, den andern übertrumpfen. Durch die Größe und Überhäufung der Geschenke schätzen Kinder kleine Geschenke nicht mehr wert. Sie wollen immer möglichst viel und möglichst oft etwas bekommen. Die Geschenke haben dann nichts mehr mit Wertschätzung zu tun.

Manchmal sind wir irgendwo eingeladen, kennen die Person aber nur flüchtig. Wir wollen nicht mit leeren Händen kommen. Also kaufen wir irgendetwas. Die Person freut sich. Doch vielleicht spielt sie uns das auch nur vor, weil sie nicht will, dass wir ihr anmerken, dass wir ihren Geschmack so gar nicht getroffen haben. Wir können nicht immer das Richtige finden. Es ist auch nicht wichtig, dass wir immer große Geschenke mitbringen. Kleinigkeiten, die von Herzen geschenkt und mit lieben Worten versehen sind, sind viel wertvoller und rühren die Herzen der Menschen viel mehr. Sie zeigen, dass uns der andere Mensch etwas bedeutet, er uns am Herzen liegt. Ist ein Blumenstrauß, den wir auf der Wiese pflücken, nicht viel mehr wert, als einer, den wir im Geschäft kaufen? Erfreut es nicht unser Herz, wenn ein Kind uns etwas selbst bastelt oder malt?

Mit kleinen Aufmerksamkeiten kann man nahezu jedem Menschen eine Freude machen, Wertschätzung entgegenbringen. Ich schrieb auf ein kleines Holzherz „Schön, dass es euch gibt - Frohe Weihnachten!" und warf es einer Familie in den Briefkasten. Sie freuten sich sehr darüber. Es war nur eine Kleinigkeit, aber diese Kleinigkeit hat andern Menschen Freude gebracht und mir dadurch auch wieder. Und das ohne viel Geld. Wenn ich spazieren gehe, dann grüße ich auch immer wieder unbekannte Menschen, die mir begegnen. Manche erwidern meinen Gruß nicht, andere brummen ein „Hallo" in sich hinein. Doch es gibt immer Leute, die meinen Gruß freundlich erwidern. Ich sehe, wie sich ihr Gesicht aufhellt. Und das tut gut. Am ersten Weihnachtsfeiertag wünschte ich beim Spaziergang jedem, der mir begegnete „Frohe Weihnachten". Zuerst haben die Leute verblüfft geschaut, weil sie so etwas nicht gewohnt sind, haben dann aber lächelnd „Danke, gleichfalls!" erwidert. Ich konnte ihnen damit eine kleine Freude machen.

... in der Zeit verweilen

Eine Freundin sagte zu mir: „Meine Schwester bringt immer viele Geschenke mit, wenn sie mich besuchen kommt. Doch viel lieber als all die Geschenke wäre es mir, wenn sie mit mir reden würde und mir mal zuhören würde, ich etwas von mir und meiner Situation erzählen dürfte, wenn sie mich ein bisschen wertschätzen würde." Menschen hilft es unwahrscheinlich, wenn wir ihnen zuhören, wenn wir sie ernst nehmen, uns ihre Sorgen anhören. Dann fühlen sie sich wertgeschätzt. Das ist oft das größte Geschenk für sie. Wenn wir z. B. unsere Mutter im Altersheim besuchen und nur neben ihr sitzen, stricken oder uns mit unserem Handy beschäftigen und hoffen, dass wir bald wieder gehen können, dann ist das nur ein Anstandsbesuch. Dann schätzen wir unsere Mutter nicht. Wenn wir uns aber in der Zeit, in der wir bei ihr sind, mit ihr abgeben, wenn wir mit ihr reden, echtes Interesse an ihr zeigen, ihr die Hand halten usw., dann wird unsere Mutter danach sehr glücklich sein. Lieber schränken wir die Anzahl der Besuche ein und sind aber während des Besuches ganz bei ihr. Davon hat sie viel mehr. Auch alte Menschen spüren, ob wir sie wertschätzen.

Zeit ist kostbar und wenn wir Zeit verschenken, dann schätzen wir die Person wert, weil wir ihr zeigen, wie wichtig und wertvoll sie für uns ist. Ansonsten würden wir nicht freiwillig und gerne Zeit mit ihr verbringen. Es bringt aber nichts, wenn wir mit ihr z. B. einen Ausflug machen, nur dass ein Ausflug gemacht ist, weil wir wissen, dass sie Ausflüge mag. Wir müssen uns selbst auch darauf einstimmen und die Zeit schön gestalten, mit unserem Herzen dabei sein, uns auch an dem Ausflug erfreuen. Ansonsten hat die andere Person auch keine Freude, denn sie spürt, dass es kein gemeinsames Erlebnis ist.

Doch nicht nur zu Geburtstagen oder Festen ist es angebracht, Zeit zu schenken. Wichtig ist, auch im Alltag den Menschen immer wieder Zeit zu schenken. Wie viel Freude können wir einem einsamen Menschen machen, wenn wir uns die Zeit nehmen, ihm eine Karte zu schicken, ihn mit einem Anruf zu überraschen oder ihn zu besuchen. Die Dankbarkeit dieser Menschen ist direkt zu spüren. Sie freuen sich so sehr, wenn jemand positiv an sie denkt.

... sich von „Muttermilch" ernähren

Wertschätzung ist für das Wohlbefinden des Menschen sehr wichtig. Nur der, dem entsprechend Wertschätzung entgegengebracht wird, kann wirklich glücklich sein. Der Mensch möchte in seiner Person und in seinem Handeln wertgeschätzt werden. Er möchte sich respektiert fühlen. Ein wertschätzender Umgang ist die Basis für jede gute Beziehung, sowohl privat als auch geschäftlich. Ein respektvoller Umgang ist die Grundlage für sachliche Dialoge und für das Lösen von Konflikten. Nur wenn wir uns anderen gegenüber respektvoll verhalten, können wir erwarten, dass auch sie uns Respekt entgegenbringen. Respekt heißt auch, Verständnis zeigen, die Meinung des andern auch gelten lassen, ihm zuhören. Wenn wir kein Verständnis für andere Personen haben, d. h. wenn wir ihre Eigenarten nicht zulassen, nicht ertragen, nicht akzeptieren können, dann ist es uns auch nicht möglich, sie wertzuschätzen. Es ist nicht nötig, die Ansichten unseres Nächsten zu teilen, aber wir sollten ihm das Recht einräumen, überhaupt anderer Ansicht zu sein. Ein respektvolles, wertschätzendes Verhalten macht unseren Alltag entspannter und konfliktärmer. Durch Zuhören und Beobachten erfahren wir mehr über die Werte eines Menschen. Wertschätzung ist eine grundsätzliche Lebenseinstellung.

Der Psychiater Reinhard Haller sagte in einem Vortrag: „Wertschätzung ist so etwas wie emotionale Muttermilch." Diesen Satz fand ich sehr schön. Die Muttermilch brauchen wir, um gesund und stark zu werden. Die Wertschätzung brauchen wir, um eine starke Persönlichkeit zu entwickeln, um Selbstwert zu entwickeln, uns behaupten zu können und um Achtung vor uns selbst zu haben, was dazu führt, dass wir auch die anderen Menschen wertschätzen können.

Um jemanden Wertschätzung zu geben, müssen wir aufmerksam sein. Wenn wir geistig abwesend sind, können wir nicht wertschätzend sein. Wenn z. B. eine alte Dame im Bus stehen muss, können wir ihr nur einen Platz anbieten, wenn wir gesehen haben, dass sie steht. Das sehen wir aber nur, wenn wir aufmerksam sind.

Wertschätzung drücken wir auch durch Dankbarkeit aus. Mit Dankbarkeit äußern wir Respekt und Anerkennung für die Handlung unseres Gegenübers. Dort wo die Würde des Menschen nicht geachtet wird, kann es keine Wertschätzung geben. Nur wo Empathie ist, wo sich Menschen einfühlen können, kann Wertschätzung gelingen. Ohne Emotionalität ist Wertschätzung nicht möglich. Deshalb kann Wertschätzung auch nie von einer Maschine übernommen werden. Ein Roboter kann die Intelligenz und vieles andere übernehmen, er kann z. B. auch alte oder behinderte Menschen pflegen, aber er kann ihnen nicht die Werte und Tugenden geben, die das Menschsein ausmachen.

... in die eigenen Sphären reisen

Um den andern wertschätzen zu können, braucht es vor allem auch ein wertschätzendes Verhalten uns selbst gegenüber. Wenn wir freundlich und aufmerksam uns selber gegenüber sind, fällt uns das auch bei unserem Nächsten leichter. Nur wer sich selbst mit all seinen Stärken und Schwächen akzeptiert und als wertvoll erachtet, kann auch die Stärken der anderen Menschen wertschätzen und die Schwächen akzeptieren. Jeder Mensch ist einzigartig und hat seine Stärken und Schwächen. Vor allem Menschen, die auf der Bühne stehen, haben häufig Sehnsucht danach, gesehen und gehört zu werden. Sie wollen für ihre Leistungen die Anerkennung bekommen und die Wertschätzung erfahren, die sie sich selbst nicht geben können.

Eine meiner Nachhilfeschülerinnen hatte es geschafft, bei einer Präsentation in der Schule die Note 1,5 zu erreichen. Ich war sehr stolz auf sie, denn ich wusste, wie schwer es ihr fiel, diese Präsentation zu halten. Doch sie war mit sich nicht zufrieden, nörgelte an den paar Kleinigkeiten rum, die sie noch etwas besser hätte machen können. Es nützt nichts, wenn wir die Anerkennung, die wir von außen bekommen, nicht an uns ranlassen, wenn wir uns trotzdem für alles Mögliche kritisieren und immer noch besser werden wollen, innerlich nicht zufrieden sind. Um eine Wertschätzung und

Anerkennung durch andere wirklich annehmen zu können, müssen wir uns zunächst einmal selbst von Herzen wertschätzen können. Wertschätzung hat nichts mit Leistung zu tun. Wertschätzung bezieht sich auf die Seinsebene. Ein Mensch ist es wert, wertgeschätzt zu werden, schon allein dadurch, dass er da ist. Er muss nichts Bestimmtes oder Besonderes leisten oder tun.

Menschen, die sich selbst nicht wertschätzen, zieht es oft zu Menschen hin, die sie auch nicht wertschätzen. Dementsprechend werden sie dann behandelt. Das gibt ihnen die Bestätigung, dass sie nichts wert sind. Genauso ist es auch anders herum: Menschen, die sich selbst wertschätzen, begegnen Menschen, von denen sie Wertschätzung bekommen und sie fühlen sich bei ihnen wohl.

Wann haben wir eigentlich unserer Partnerin das letzte Mal Blumen geschenkt? Wann haben wir wertgeschätzt, dass sie den gesamten Haushalt macht und die Kinder versorgt und das alles unentgeltlich? Wann haben wir unserem Partner gedankt, dass er jeden Tag zur Arbeit geht, um die Familie zu ernähren? Oder auch umgekehrt. Das sollten wir wertschätzen. Es ist wichtig, unter Freunden und in der Partnerschaft einander immer wieder zu zeigen, wie sehr man den andern wertschätzt. Oft merkt man erst, was der andere Partner leistet, wenn er ein paar Tage oder Wochen weg ist. Die Selbstverständlichkeit bei den alltäglichen Dingen hat die Wertschätzung verdrängt. Und die Erwartung von Wertschätzung, die man nicht bekommt, ist die Ursache von vielen psychischen Störungen. Ein ständiger Mangel an Wertschätzung macht Menschen nicht nur seelisch krank, sondern manchmal auch böse, gierig, geizig oder traurig. Manche werden auch lebensmüde und beenden ihr Leben.

… Altes nicht rosten lassen

Auch Kränkungen sind Mangel an Wertschätzung. Kränkungen machen krank, vor allem, wenn sie immer wieder vorkommen. Irgendwann entsteht dann die Einstellung: Mich mag niemand, mich schätzt niemand wert, meine Meinung ist nicht wichtig. Die meisten Gekränkten trauen sich nicht, dies irgendjemand zu erzählen und fressen es in sich rein. Und dann sind die Krankheiten vorprogrammiert. Wenn uns die anderen Menschen nur gering oder gar nicht wertschätzen, brauchen wir einen Freund oder eine Freundin, die uns wertschätzen, mit denen wir über alles reden können, uns anvertrauen können, bei denen wir uns sicher, geliebt und respektiert fühlen, so wie wir sind.

Jugendliche, die so ganz cool tun, bei denen alles krass, megacool oder agil ist, verstecken sich meist nur hinter einer Maske. In Wirklichkeit leiden sie an einem Mangel an Wertschätzung. Sie haben meist Kränkungen erlitten und niemanden gehabt, mit denen sie darüber reden konnten oder wollten. Vielleicht schämten sie sich auch für die Kränkung, was bei Jungen häufig der Fall ist, und redeten deshalb mit niemanden darüber. Psychologisch könnte man das beispielsweise folgendermaßen erklären: Der Schüler hat das Gefühl, dass er z. B. die Aufgaben ganz gut gemacht hat, bekommt aber keinerlei Wertschätzung dafür. Er ist enttäuscht, darf oder will das aber nach außen nicht zeigen. Er ist von sich selbst getäuscht worden, weil er Wertschätzung erwartet hat, aber nicht bekommen hat. Dadurch können sich Rachegedanken oder Wut entwickeln.

Früher gab es den weisen Opa und die weise Oma, die alles wussten, alles weitergaben, die man immer nach Rat fragte, wenn man nicht weiterkam. Wo ist das heute geblieben? Heute werden viele alte Menschen ins Altersheim gebracht. Ihre Erfahrung, auf die früher viel Wert gelegt wurde, braucht man heute nicht mehr. Es kann ja alles gegoogelt werden. So kommt es, dass viele Groß- oder Urgroßeltern keine große Beachtung mehr finden und sich unwert fühlen. Manche fühlen sich abgeschoben, denken, dass sie nur noch eine Last sind, vor allem, wenn sie nie oder nur selten besucht werden. Sie haben keine Aufgabe mehr. Ihnen wird keine Wertschätzung mehr entgegengebracht und so fühlen sie sich oft wertlos und sterben oft viel früher. Alte Menschen, die das Leben schon fast hinter sich haben, sind so wertvoll. Sie sind so reich an Erfahrung. Wir lernen so viel, wenn wir uns öfter mit ihnen unterhalten.

Arbeitslose Menschen bekommen ab 50 oft keine Arbeit mehr, weil sie scheinbar zu alt sind. Mitarbeiter werden schon Jahre vor dem eigentlichen Rentenalter gekündigt und durch jüngere ersetzt. Man gibt ihnen den Eindruck, dass sie übrig sind. Sie werden nicht mehr wertgeschätzt. Auf sie kann man verzichten. Die jungen Leute können das schneller. Die Erfahrung zählt nicht mehr, nur noch die Schnelligkeit. Das tut weh. Viele Rentner werden krank, weil ihnen die Arbeit fehlt, weil sie nichts mehr wert sind oder sich zumindest so fühlen. Wertschätzung ist für den Menschen etwas Elementares. Für viele arbeitslose Menschen ist es nicht die existentielle Not, die sie fertig macht, sondern das Gefühl, dass sie nicht gebraucht werden, übrig sind, einfach ersetzt werden. Vielleicht finden wir eine Arbeit, die diese Menschen für uns hin und wieder erledigen können, damit sie spüren, dass sie gebraucht werden. Wir könnten sie z. B. um einen Rat fragen oder unsere neue Lampe montieren lassen. Das wird ihnen neue Lebenskraft geben.

... auf kleine Dinge achten

Es sind die vielen kleine Stiche der fehlenden Wertschätzung, die die Menschen krank machen. Niemand interessiert sich für einen, man wird zu Gruppengesprächen nicht eingeladen, Termine werden nicht eingehalten, man muss Arbeiten unter dem Niveau verrichten. Menschen, die sich emotional unterversorgt fühlen, erleiden fehlende Wertschätzung. Rückenschmerzen z. B. kommen oft davon, weil Menschen sich unter ihrem Wert behandelt fühlen. Sie haben z. B. Jobs, die unter ihrer Qualifikation sind. Oder sie haben eine Stelle nicht bekommen, haben keine Antwort auf ihr eingereichtes Manuskript bekommen. Keine Antwort zu bekommen ist oft schlimmer als eine Absage. Bei einer Absage weiß man wenigstens, dass man beachtet wurde, dass z. B. das Manuskript oder die Bewerbung angeschaut wurde. Bei keiner Antwort hat man das Gefühl, dass man es nicht einmal wert ist, auch nur einen Blick zu bekommen. Kränkungen gehen nie spurlos an uns vorbei. Sie hinterlassen Spuren, vor allem, wenn sie öfters passieren. Kränkungen von Menschen, die uns sehr wichtig sind, sitzen besonders tief, auch wenn sie noch so klein sind.

Wir sollten weniger werten und mehr wertschätzen. Jeder Mensch ist wertvoll und hat einen respektvollen Umgang und Anerkennung verdient. Wenn jeder jeden wertschätzen würde, dann gäbe es keinen Streit, keinen Neid, keinen Hass und keinen Groll. Es gäbe nur Liebe. Wäre das nicht schön! Sollten wir unseren Weg nicht direkt in diese Richtung weitergehen?

Brücken bauen …

Im Internet fand ich folgende Geschichte eines unbekannten Autors:

Ein Vater und sein Sohn lebten friedlich und in völliger Eintracht. Sie lebten von dem Ertrag ihrer Felder und Herden. Sie arbeiteten miteinander und teilten gemeinsam, was sie ernteten. Alles fing durch ein kleines Missverständnis an.

Eine immer größer werdende Kluft bildete sich dann zwischen ihnen, bis es zu einem heftigen Streit kam. Fortan mieden sie jeglichen Kontakt und keiner sprach mehr ein Wort mit dem anderen.

Eines Tages klopfte jemand an der Tür des Sohnes. Es war ein Mann, er suchte Arbeit. "Kann ich vielleicht einige Reparaturen bei ihnen durchführen?" "Ich hätte schon Arbeit für dich", antwortete der Sohn. "Dort, auf der anderen Seite des Baches steht das Haus meines Vaters. Vor einiger Zeit hat er mich schwer beleidigt. Ich will ihm beweisen, dass ich auch ohne ihn leben kann."

"Hinter meinem Grundstück steht eine alte Ruine, und davor findest du einen großen Haufen Steine. Damit sollst du eine 2 Meter hohe Mauer vor meinem Haus errichten. So bin ich sicher, dass ich meinen Vater nicht mehr sehen werde."

"Ich habe verstanden», antwortete der Mann. Dann ging der Sohn für eine Woche auf Reise. Als er wieder nach Hause kam, war der Mann mit seiner Arbeit fertig. Welch eine Überraschung für den Sohn! So etwas hatte er nicht erwartet. Denn anstatt einer Mauer hatte der Mann eine schöne Brücke gebaut.

Da kam auch schon der Vater aus seinem Haus, lief über die Brücke und nahm seinen Sohn in die Arme. "Was du da getan hast, ist einfach wunderbar! Eine Brücke bauen lassen, wo ich dich doch schwer beleidigt hatte! Ich bin stolz auf dich und bitte dich um Verzeihung."

Während Vater und Sohn Versöhnung feierten, räumte der Mann sein Werkzeug auf und schickte sich an, weiter zu ziehen. "Nein, bleib doch bei uns, denn hier ist Arbeit für dich", sagten sie ihm.

Der Mann aber antwortete: "Gerne würde ich bei euch bleiben, aber ich habe noch anderswo viele Brücken zu bauen …"
(Quelle unbekannt)

aus: https://www.sirovita.de/blog/wut-und-vergebung-eine-wunderbare-geschichte/

Ist es nicht schön, Brücken zu bauen, aufeinander zuzugehen und Versöhnung zu feiern?

Im Laufe eines Tages erleben wir Schönes und Freudvolles, aber auch Streit, Spannungen und Verletzungen. Sie können leichten Ausmaßes sein, aber auch schwere Folgen haben. Eine ältere Frau erzählte mir, dass ihr Sohn aufgrund eines Vorfalls schon jahrelang kein Wort mehr mit ihr redet. Sie leidet sehr darunter. Als ich ihr den Vorschlag machte, ihm zu verzeihen, sagte sie: „Das war damals so schlimm. Ich werde ihm das mein ganzes Leben niemals verzeihen. Das ist unverzeihlich. Der hat meine Vergebung nicht verdient." Sie lebt weiter im Groll gegen ihn und hat ihn dadurch verloren. Den achtjährigen Enkel hat sie noch nie gesehen. Sie erwartet, dass der Sohn auf sie zukommt, der Sohn sie um Verzeihung bittet. Es ist wie in der obigen Geschichte. Keiner will den ersten Schritt machen. Frieden kann nur entstehen, wenn wir aufeinander zugehen, wenn wir Brücken bauen. Und Brücken bauen wir, indem wir dem andern verzeihen, ihn wieder annehmen.

Wenn wir unserem Nächsten nicht verzeihen, weil wir ihn vielleicht dadurch strafen wollen, dann müssen wir wissen, dass wir uns damit nur selbst bestrafen. Wir leben in Unfrieden mit ihm, aber auch mit uns selbst. Wir selbst leiden darunter. Der Groll und der Hass oder auch die Niedergeschlagenheit und der Schmerz, der in uns ist, werden nicht besser, wenn wir immer auf den andern warten, immer vom andern erwarten, dass er den ersten Schritt macht. Wir müssen selbst aktiv werden. Oft tragen wir die Wut und den Hass jahre- oder sogar jahrzehntelang mit uns herum, und das alles nur, weil wir denken, der andere müsse sich entschuldigen oder sich ändern, der andere müsse den ersten Schritt machen. Das tut uns nicht gut. Doch wenn wir den ersten Schritt machen und auf den andern zugehen, dann werden wir ein ganz großes Gefühl der Erleichterung in uns spüren.

... den Weg frei machen

Vergebung ist oft alles andere als leicht. Da müssen wir schon über unseren Schatten springen. Aber wenn wir unserem Nächsten verzeihen, befreien wir uns seelisch von dem Groll. Andernfalls leben wir im Groll weiter. Die andere Person mag uns verletzt haben, das können wir nicht mehr ändern. Das ist nun mal passiert. Aber das ist der Part der anderen Person. Was wir tun können, ist, über unser eigenes Leben zu entscheiden und zu vergeben. Wenn wir der Person, die uns gekränkt oder beleidigt hat oder noch Schlimmeres angetan hat, nicht vergeben, bleibt ein Teil dieser zerstörerischen, verletzenden Energie in uns. Wir tragen diesen Teil mit. Und er richtet Schaden an. Er beeinflusst uns negativ und wirkt sich auf unser Sozialleben aus. Das, was uns passiert ist, war vielleicht schlimm. Aber unser Leben wird nicht besser, wenn wir in diesem Schmerz bleiben. Eine Verletzung, die über eine lange Zeit nicht vergeben wird, verwandelt sich in Bitterkeit. In einer filmischen Erzählung wird genau diese Situation dargestellt. Darin gibt es eine ältere, verbitterte Frau, die jeden vom Hof jagt, der auch nur einen Fuß auf ihr Grundstück setzt, die jeden nur anschreit, keinem wohlgesonnen ist. Die Frau hatte vor Jahren einen heftigen Streit mit ihrer Tochter. Seither wurde die Tochter nicht mehr gesehen und das Herz der Frau ist nun voller Bitterkeit allen Menschen gegenüber. Die Menschen haben Angst vor ihr und meiden sie. Das geht so lange, bis ein kleines Mädchen, das die Frau nicht kennt, hingeht und sie bittet, ihren Hasen gesund zu machen. Auch sie wird von der Frau in forschem Ton empfangen. Aber das Mädchen berührt das nicht. Sie besucht die Frau öfters und hilft ihr. Und nach und nach öffnet sich das verhärtete Herz der Frau. Ihr Wesen verändert sich. Schließlich ruft sie die Tochter an und versöhnt sich mit ihr.

Nichtvergebene Kränkungen lähmen uns. Sie ziehen uns Energie ab, die wir fürs Leben so dringend brauchen. Vergebung befreit uns von den Auswirkungen der Kränkungen, die uns andere Menschen zugefügt haben. Vergebung heilt die uns zugefügten Wunden.

Wenn eine Krankheit sich nicht bessert, liegt das manchmal daran, dass wir jemandem nicht vergeben können. Es ist schon öfters vorgekommen, dass eine Krankheit plötzlich verschwunden ist, nachdem vergeben wurde, denn in der Vergebung steigen wir aus unseren alten Denkmustern aus und können dann heilen. Vergebung macht unsere Welt schöner und heiler! Wenn wir jemanden nicht vergeben können, können wir mit der Person nicht im Frieden weiterleben. Inneren und äußeren Frieden bekommen wir nur durch Handlungen, die von Liebe getrieben sind. Manchmal kostet Vergebung Überwindung. Doch diese Überwindung lohnt sich.

Wir haben die Möglichkeit, die Verantwortung für unser Leben zu übernehmen und nicht mehr zuzulassen, dass ein bestimmtes Erlebnis unser Leben dauerhaft zerstört. Wir können vergeben und loslassen und anschließend auch ruhen lassen. Es ist vorbei. Bei einer echten Vergebung wird der Schmerz danach verschwinden. Vergebung ist Heilung, Befreiung aus dem inneren Gefängnis. Sie ist Stärke und Größe. Nelson Mandela sagte: „Vergebung befreit die Seele, sie löst die Furcht auf. Aus diesem Grund ist sie eine so wirkungsvolle Waffe." Er erkannte, dass er seinen Schuldigern vergeben musste, um wirklich frei zu sein. Im Vaterunser beten wir: „Vergib uns unsere Schuld, wie auch wir vergeben unseren Schuldigern." Jesus hat schon etwas dabei gedacht, als er uns dieses kraftvolle Gebet gegeben hat.

... in der Bedeutung verweilen

Vergebung ist eine Entscheidung, ein bewusstes Handeln. Bei der Vergebung wird auf Wiedergutmachung und Nachtragen verzichtet. Wir rechnen das Verschuldete nicht an, sondern geben unseren Anspruch auf, den wir durch die Schuld des andern haben. Vergebung bedeutet, sich von den alten Verhaltensmustern zu verabschieden. Das Geschehene wird dadurch nicht gut geheißen, es wird auch nicht abgeschwächt, was passiert ist. Wir werden weiterhin ab und zu an das Geschehene denken. Die Gedanken können kommen. Doch wir werden nicht mehr damit beginnen, dem andern oder uns selbst immer wieder das Vergangene vorzuwerfen. Denn, wenn wir vergeben, dann ist vergeben. Wenn wir dem andern seine Tat doch wieder vorwerfen, dann haben wir nicht wirklich vergeben. Vergebung bringt wieder zusammen und heilt die Beziehung. Wenn wir vergeben, lassen wir keinen weiteren Tag zu, an dem die Enttäuschung und die Verletzung unsere Gedanken und Gefühle vergiftet und unsere Persönlichkeit zerstört wird. Wir lassen uns wegen dem Ereignis keinen Tag weiter fertig machen. Wenn wir vergeben, nehmen wir der Waffe, die auf uns abgefeuert wurde, die Munition. Wir helfen uns selbst, damit es uns wieder besser geht. Dem andern verzeihen macht uns selbst stark. Es ist keine Schwäche, es ist Stärke.

Durch die Vergebung erkennen wir unabhängig von Fragen nach Schuld, Schwere oder den Folgen der Tat die menschliche Unvollkommenheit an und wir können das Geschehene akzeptieren. Vergebung ist eine mächtige Waffe. Wer verzeiht ist stark und ist am Ende der Gewinner.

... am Geschehen teilnehmen

Vergebung muss immer mit dem Herzen geschehen. Es nützt nichts, wenn ein „Es tut mir Leid" aus unserem Mund kommt, das wir nur aus Angst vor

Verlust oder Bestrafung sagen. Es dient vielleicht dazu, unser Gegenüber zu beschwichtigen, hilft jedoch nicht, unser Herz zu beschreiben. Auch wenn wir die Worte „Ich vergebe dir!" sagen und dabei nicht wirklich von Herzen vergeben, geschieht keine Vergebung. Worte allein vergeben nicht. Um vergeben zu können, müssen wir zuerst den Schmerz loslassen, den uns der andere bereitet hat. Es ist nicht gut, in der Wunde zu wühlen, denn das tut unnötig weh. Wir müssen uns den Schmerz bewusst machen, ihn zu- und dann loslassen. Manchmal ist es notwendig, die Wut in uns hochsteigen zu lassen und sie rauszuschreien oder rauszuschlagen. Wir könnten z. B. in den Wald gehen und losschreien oder in ein Kissen oder einen Boxsack schlagen. Durch die Wut distanzieren wir uns von der Person, die uns gekränkt hat. Die Wut ermöglicht uns, die Person aus uns herauszuwerfen, die uns geärgert oder verletzt hat. Wir befreien uns dadurch von der Macht dieser Person und erfahren Erleichterung. Oft können wir danach plötzlich erkennen, dass die Person auch nur ein Mensch, ein verletztes Kind ist. Sie war vielleicht mit der Situation überfordert und hat uns deshalb verletzt. Solange wir in der Wut oder Verletzung drinstecken, sind wir nicht in der Lage, dies zu sehen. Wenn wir uns aber von der Wut befreien und erkennen, was ist, dann können wir auch verzeihen.

Vergebung ist ein persönlicher innerer Prozess, in dem es darum geht zu erkennen, dass Wohlwollen und Liebe uns besser tut als Wut, Groll und Hass. Wir müssen die Wut nicht unbedingt rausschreien. Wir können auch andere Wege gehen. Das ist jedem selbst überlassen.

Beim echten Verzeihen sind immer Gefühle dabei. Ein Verzeihen ohne Gefühle hat seinen Zweck verfehlt. Gefühle entstehen, wenn wir in uns sind, mit uns und dem andern verbunden sind. Wir können die Situation noch einmal durchgehen, sie noch einmal anschauen, uns allen Gefühlen bewusst werden, die wir mit ihr verbinden - und dann verzeihen, uns und unserem Nächsten. Danach können wir Frieden schließen, mit uns selbst und mit unserem Nächsten. Wenn wir in der Tiefe verstehen, warum der andere so gehandelt hat, warum er uns verletzt hat, können wir beginnen, in eigenem Tempo Wohlwollen und Vergebung dieser Person gegenüber zu entwickeln oder auch uns gegenüber, falls wir der Person auch geschadet haben. Immer wenn in uns Wut und Hass auftauchen, können wir durch gesunde Selbstachtung und durch tiefes Verstehen und Vergeben inneren Frieden schaffen. Wir müssen aber dazu bereit sein. Es darf kein innerer Zwang sein.

Vergebung muss nicht im Beisein desjenigen geschehen, dem wir vergeben. Wir können das im stillen Kämmerchen für uns tun. Doch muss es aus tiefsten Herzen kommen. Nur dann kann Vergebung heilen.

Vergebung ist oft auch ein großes Thema zwischen erwachsenen Kindern und ihren Eltern. Oft haben die Eltern etwas getan, was uns in unseren Augen geschadet hat, was uns jetzt vielleicht immer noch am Leben hindert. Wir können nun den Eltern die Schuld geben und es ihnen ewig nachtragen. Aber das macht uns nicht glücklich und bringt uns keinen Schritt weiter. Wir können nicht ewig andere für unsere Probleme verantwortlich machen. Vielleicht haben die Eltern in der Erziehung etwas gemacht, worunter wir immer noch leiden. Aber es liegt an uns, das zu beenden. Wir sind jetzt groß und selbst für uns verantwortlich. Doch solange wir die Verantwortung bei den Eltern oder dem Therapeuten lassen und uns nicht selbst klar wahrnehmen, haben wir ein Problem: Wir können die Aspekte unseres eigenen Verhaltens, die die Beziehung zu anderen Menschen belasten oder uns daran hindern, unser volles Potential zu entfalten, nicht bemerken. Wir können uns aber bewusst machen, was passiert ist und danach verzeihen und so wieder eine gute Beziehung finden. Wo Verzeihen ist, da ist auch Liebe. Und wo Liebe ist, da ist Gott und wo Gott ist, da fühlen wir uns wohl.

... über die eigene Brücke gehen

Manchmal geben wir unsere Schwächen nicht zu und verhalten uns unfair. Wir schieben ganz schnell die Schuld dem andern in die Schuhe und rechtfertigen dadurch unser eigenes Handeln. Wir denken, dass wir mit dieser Handlung „aus dem Schneider" sind. Vielleicht fühlen wir uns anfangs sogar wohler, wenn wir unsere eigenen Fehler ignorieren und den andern die Schuld an unseren Problemen und Schwierigkeiten zuweisen, doch langfristig ist das sicher nicht die richtige Lösung. Wir schaden uns damit selbst. Es ist nicht immer nur der andere schuld. Oft tragen wir auch eine Teilschuld an der Situation, manchmal vielleicht sogar den größeren Teil der Schuld.

Wenn wir Schuld auf uns geladen haben, dann lastet das schwer auf unseren Schultern. Es ist eine Be-lastung für uns. Emotionale Belastungen können sich - wie die Redensarten zeigen - durchaus mit körperlichen Symptomen wie z. B. Schulter- oder Rückenschmerzen äußern. Deshalb ist es notwendig, wieder Ent-lastung zu schaffen. Das erreichen wir durch Vergebung. Wir können Gott und uns selbst um Vergebung bitten.

… Verletzungen anschauen

Einer jahrelangen Feindschaft geht oft ein Missverständnis oder ein Konflikt voraus. Wir hören nicht richtig zu, reden aneinander vorbei, fassen die Aussagen des andern falsch auf. Wir reden nicht vernünftig miteinander, schreien uns vielleicht gegenseitig an. Da sind Missverständnisse vorprogrammiert. Auch über Kurzmitteilungen wie z. B. bei der Kommunikation über WhatsApp verstehen sich die Menschen oft falsch. Bei der schriftlichen Kommunikation fehlen die Gefühle. Wir spüren unser Gegenüber nicht.

Es ist so wichtig, Missverständnisse auszuräumen, miteinander zu reden, die unklaren Situation zu klären. So können wir verhindern, dass die Gefühle sich festsetzen. Eine dreißigjährige Frau (siehe Kapitel „Liebe"), die in einer Familie mit zehn Geschwistern aufwuchs, erzählte mir, dass – obwohl sie alle mit viel Liebe aufwuchsen und diese Liebe untereinander in der Familie praktizierten – es trotzdem ab und zu Streit und Meinungsverschiedenheiten gab. Sie gingen aber nie ins Bett, ohne die Differenzen vorher ausdiskutiert und den Streit beseitigt zu haben. Wie heißt der Spruch: „Nur ein ruhiges Gewissen ist ein sanftes Ruhekissen." Deshalb ist Vergebung und die Beseitigung von ungeklärten Spannungen so wichtig.

Manche Menschen, die andere verletzen, sind in ihrer Struktur, in ihrer Angst und Verzweiflung so gefangen, dass sie nicht anders können. Sie müssen den anderen kleinmachen, um sich selbst größer zu fühlen. Sie sind oft selbst voller Minderwertigkeitskomplexe. Ich arbeitete einmal in einem Unternehmen, in dem ich jahrelang gemobbt wurde. Die Mitarbeiterin, die das Mobbing angezettelt hatte, war vermutlich eifersüchtig auf mich, weil ich fachlich besser war. Und so versuchte sie – und es gelang ihr auch – mich bei den Mitarbeitern und dem Chef ganz klein zu machen, um selbst groß dazustehen. Ich verlor immer mehr an Ansehen. Das war sehr schlimm für mich. Ich verstand damals noch nicht, dass mich diese Frau klein machen musste, um selbst besser dazustehen. Später, als ich schon lange nicht mehr im Unternehmen war, erfuhr ich, dass diese Frau zuhause von ihrem Partner ziemlich unterdrückt wird. Sie hat nicht viel zu sagen. Und so übte sie ihre Macht in der Firma aus. Sie suchte mich als Opfer aus, weil ich mich nicht wehren konnte. Wenn wir uns bewusst darüber sind, dass manche Menschen die anderen kleiner machen müssen als sie sich selbst fühlen, dann hat der andere keine Macht mehr über uns. Leider erkannte ich das damals beim Mobbing zu spät. Inzwischen habe ich der Frau vergeben. Ich konnte ihr vergeben, als ich gemerkt habe, was da eigentlich abging. Wenn wir verstanden haben, was die Person, die uns verletzt hat, bewegt hat, so zu handeln, dann kann Vergebung geschehen. Ich fühlte mich der Frau gegenüber immer als Opfer, doch nach der Vergebung war dieses Gefühl weg. Da sehen wir: Vergebung macht frei!

In einem Teil des Ganzen …

Im Blindengarten in der Bonner Rheinaue befindet sich der Blindenbrunnen. Auf einem Steinsockel steht eine Figurengruppe aus Bronze: ein Elefant mit ein paar Menschen um ihn herum, die ihn betasten, jeder an einer anderen Stelle. Zu diesem Blindenbrunnen gibt es folgende Volkssage:

<u>Die Blinden und der Elefant</u>

Es waren einmal fünf weise Gelehrte. Sie alle waren blind. Diese Gelehrten wurden von ihrem König auf eine Reise geschickt und sollten herausfinden, was ein Elefant ist. Und so machten sich die Blinden auf die Reise nach Indien. Dort wurden sie von Helfern zu einem Elefanten geführt. Die fünf Gelehrten standen nun um das Tier herum und versuchten, sich durch Ertasten ein Bild von dem Elefanten zu machen. Als sie zurück zu ihrem König kamen, sollten sie ihm nun über den Elefanten berichten. Der erste Weise hatte am Kopf des Tieres gestanden und den Rüssel des Elefanten betastet. Er sprach: „Ein Elefant ist wie ein langer Arm." Der zweite Gelehrte hatte das Ohr des Elefanten ertastet und sprach: „Nein, ein Elefant ist vielmehr wie ein großer Fächer. Der dritte Gelehrte sprach: „Aber nein, ein Elefant ist wie eine dicke Säule. Er hatte ein Bein des Elefanten berührt. Der vierte Weise sagte: „Also ich finde, ein Elefant ist wie eine kleine Strippe mit ein paar Haaren am Ende", denn er hatte nur den Schwanz des

Elefanten. Und der fünfte Weise berichtete seinem König: „Also ich sage, ein Elefant ist wie eine riesige Masse mit Rundungen und ein paar Borsten darauf." Dieser Gelehrte hatte den Rumpf des Tieres berührt. Nach diesen widersprüchlichen Äußerungen fürchteten die Gelehrten den Zorn des Königs, konnten sie sich doch nicht darauf einigen, was ein Elefant wirklich ist. Doch der König lächelte weise: „Ich weiß nun, was ein Elefant ist: Ein Elefant ist ein Tier mit einem Rüssel, der wie ein langer Arm ist, mit Ohren, die wie Fächer sind, mit Beinen, die wie starke Säulen sind, mit einem Schwanz, der einer kleinen Strippe mit ein paar Haaren daran gleicht und mit einem Rumpf, der wie eine große Masse mit Rundungen und ein paar Borsten ist." Die Gelehrten senkten beschämt ihren Kopf, nachdem sie erkannten, dass jeder von ihnen nur einen Teil des Elefanten ertastet hatte und sie sich zu schnell damit zufrieden gegeben hatten.

aus: http://www.deutsches-pflanzen-forum.de/garten-kunst/blindengarten-freizeitpark-rheinaue-bonn-t7395.html

Jeder der Gelehrten hat seine eigenen Erfahrungen gemacht und seine eigene Wahrheit gefunden. Jeder hat den Elefanten anders wahrgenommen. Aber keiner hat den Elefanten als Elefant erkannt, weil keiner ein Gesamtbild entwickeln konnte. So ist es auch bei uns im täglichen Leben. Wir sehen oft nur einzelne Teile, uns fehlt das Gesamtbild und so mangelt es uns an Verständnis. Wir sehen z. B. eine Person in einer bestimmten Situation, in der sie ein bestimmtes Verhalten an den Tag legt. Und dann neigen wir dazu, uns ein Bild von der Person zu machen, ein Urteil zu fällen. Beispiel: Wir sehen, wie der Vater seinem Sohn eine Ohrfeige gibt. Das empört uns und wir verurteilen den Vater sofort. „Wie kann der nur! Der gehört angezeigt." Es ist richtig, Kinder schlägt man nicht und es ist keinesfalls okay, dass der Mann seinen Sohn geschlagen hat. Aber wissen wir, was der Situation vorausgegangen ist? Vielleicht ist der Vater wirklich ein Schläger und ein Unmensch. Aber es könnte doch auch sein, dass der Junge den Vater immer wieder provoziert hat. Möglicherweise ist der Vater ohnehin mit den Nerven fix und fertig und ihm ist einfach die Selbstkontrolle entglitten. Es ist ansonsten ein herzensguter Vater und er hat es auch sofort bereut. Wir wissen nicht, warum der Vater so handelt, was er gerade durchmacht. Wir wissen es nicht, weil wir nur eine Momentaufnahme, einen winzigen Ausschnitt aus dem Leben dieses Mannes sehen. Das ist zu wenig, um über ihn urteilen zu können. Vielleicht hätten wir in seiner Situation gleich gehandelt, auch wenn wir momentan sagen: „Das würde ich nie tun."

... stecken viele Vorurteile

Eine indische Weisheit sagt: „Urteile nicht über jemanden, wenn du nicht tausend Schritte in seinen Schuhen gelaufen bist." Es ist wichtig, zu verstehen, warum ein Mensch sich in bestimmten Situationen so verhält, wie er sich verhält. Dadurch können wir angemessener auf sein Verhalten reagieren. Wenn wir unsere Mitmenschen weniger verurteilen, dann werden auch sie uns weniger verurteilen. Wir sind alle manchmal gestresst oder überfordert. Und jeder Mensch ist anders. Das zu akzeptieren fällt uns oft schwer. Doch statt vorschnell über jemanden schlecht zu reden, ist es besser, diese Person etwas zu beobachten, evtl. mit ihr zu sprechen, und für sich selbst zu reflektieren und gegebenenfalls zu akzeptieren. Wir können versuchen, sie zu verstehen. Das Verstehen(wollen) und das Erkennen sind so wichtig. Erkennen, verstehen und danach verzeihen. Das macht Menschen frei.

Neulich arbeitete ich mit einer 16-jährigen Schülerin. Ich erfuhr, dass sie schon seit zwei Jahren rauchte und Drogen nahm. Ich erwischte mich, wie ich kurz ins Verurteilen fiel und ich wollte ihr schon erklären, wie schädlich Rauchen und Drogen sind. Ich entschloss mich dann aber doch, mich zuerst bei ihr zu erkundigen, warum und unter welchen Umständen sie das Rauchen angefangen hatte. Sie erzählte mir von ihren alkoholabhängigen Eltern und ihrer schlimmen Kindheit. Ihr ging es damals sehr schlecht. Ein Jugendlicher bot ihr einen Joint an. Sie rauchte ihn und danach ging es ihr besser. Nur so konnte sie ihrer Meinung nach überleben. Und irgendwann kommt dann die Abhängigkeit. Das gab mir natürlich eine ganz andere Sicht und ich konnte sie verstehen. Ich verurteilte sie nicht mehr.

Vorurteile oder Urteile aufgrund von mangelndem Verständnis oder mangelndem Verstehen werden oft vorschnell gefällt. Menschen werden in Schubladen gesteckt. Das ist auch in der Schule oft so. Kinder mit unsozialem Verhalten, Hyperaktivität oder Hypoaktivität bekommen in unserer Gesellschaft oft ganz schnell den Stempel AD(H)S. Doch bei vielen dieser Kinder trifft die Diagnose gar nicht zu. Sie leiden oft an seelischen Problemen. Durch ihr Verhalten wollen sie auf diese Probleme aufmerksam machen. Das ist ein unbewusstes Verhalten der Kinder, welches verstanden werden will. Diese Kinder brauchen Verständnis, nicht Strafe. Oft rührt das Verhalten auch von einem Trauma her. Traumen sind oft die Ursache für ein auffälliges Verhalten. Wenn ein Mensch ein Trauma verarbeitet hat, ändert sich sein Verhalten meist automatisch.

Verständnis benötigen auch Kinder, deren Eltern sich getrennt haben. Sie leiden meist sehr darunter.

Oft entwickeln sie danach schulische Probleme, damit die Eltern miteinander reden müssen, um diese Probleme zu lösen. Sie fühlen sich schuldig, denken, dass die Eltern sich ihretwegen getrennt haben und sie fühlen sich zerrissen.

... die wir erkennend verstehen

Verstehen hat auch etwas mit erkennen zu tun. Bleiben wir bei der oben genannten 16-jährigen Schülerin. Ihre Eltern sind beide Alkoholiker. Nun kann das Mädchen auch in den Alkohol flüchten, weil sie sieht, dass die Eltern durch den Alkohol ihre Probleme lösen. Sie kann aber auch erkennen, dass der Alkohol gar nicht die Lösung ist und ein anderes Leben als die Eltern führen. Vielleicht kommt sie sogar so weit, dass sie eines Tages Kindern von alkoholabhängigen Eltern helfen kann und so einen Sinn im Erleben der Sucht ihrer eigenen Eltern findet.

Manchmal spiegeln uns Kinder unsere eigene Kindheit. Ich war z. B. als Kind sehr schüchtern, fand aber in der Schule von keinem Lehrer Verständnis dafür. Keiner versuchte, sich näher mit mir zu beschäftigen, mir zu helfen, mir eine Brücke zu bauen, damit ich mich am Unterricht auch beteiligen konnte, damit ich Anschluss in der Klasse finden konnte. Ich wurde überhaupt nicht gesehen. Als ich erwachsen war und selbst unterrichtete, war da ein Junge in der Klasse, der dasselbe Verhalten an den Tag legte wie ich damals. Ich konnte mich so gut in ihn einfühlen und auf ihn zugehen. Ich gab ihm das, was ich damals gebraucht hätte und er blühte auf, wurde in die Klasse integriert. Ich konnte ihm helfen, weil ich ihn verstand. Jedes Kind braucht etwas anderes. Deshalb ist es wichtig, sich in die Kinder einzufühlen und zu spüren, was sie wann brauchen. Gerade für Kinder ist Verständnis sehr wichtig.

Aber auch wir Erwachsene brauchen Verständnis. Das gilt auch bei chronischen Krankheiten. Eine chronische Krankheit kann einen Menschen sehr einschränken, körperlich und seelisch. Chronische Krankheiten bleiben meist ein Leben lang da. Das sollten wir wissen und Verständnis dafür haben. Wir müssen Verständnis haben, dass wir z. B. keine großen Berge mit jemanden erklimmen können, der eine Lungenerkrankung, starkes Rheuma oder eine Fibromyalgie hat. Wir müssen verstehen, dass bei einer Krankheit nicht bei jedem Menschen das gleiche Medikament, die gleiche Therapie wirkt. Wir Menschen sind individuell. Statt als Arzt nach einer Diagnose nur schnell ein Rezept auszustellen, könnte ein fürsorglicher Arzt sich Zeit für den Patienten nehmen, ihm zeigen, dass er ihn versteht. Dadurch fühlt sich ein Patient angenommen, dann passiert etwas in ihm, was die Heilung enorm beschleunigen kann.

Wir Menschen sind wie Schneeflocken. Wir sind uns alle ähnlich und doch ist jeder einzigartig in seiner Schönheit. Gerade die Andersartigkeit macht die Menschen aus. Wenn wir für diese Verschiedenartigkeit Verständnis aufbringen, können wir die anderen besser verstehen. Wenn wir Interesse und Verständnis für unterschiedliche Lebensweisen entwickeln und dafür offen sind, erfahren wir die Einzigartigkeit der Individuen.

Um das Verhalten der Menschen zu verstehen, ist auch das Verständnis der unterschiedlichen Religionen und Kulturen wichtig. Bei uns in Deutschland bedeutet z. B. ein Kopfnicken „ja" und ein Kopfschütteln „nein". In Indien bewegt man den Kopf hin und her, um etwas zu bejahen. In Griechenland bedeutet ein Kopfnicken „nein". In einigen Ländern wird man als Fremder umarmt, was in anderen Ländern hingegen als Distanzlosigkeit bezeichnet wird. Man tappt weniger ins Fettnäpfchen, wenn man sich auf die Reise in ein anderes Land vorbereitet und sich über die Sitten und Bräuche informiert. Dasselbe gilt, wenn man einem Ausländer hier in Deutschland begegnet. Ich betreue einen islamischen Jungen. Eines Tages lud mich sein Vater zum Teetrinken ein. Ich lehnte ab. Daraufhin durfte ich keinen Umgang mehr mit dem Jungen haben. Ich verstand das damals nicht. Heute weiß ich, dass es bei Moslems eine große Beleidigung ist, eine Einladung abzulehnen.

… und manchmal nicht hören (wollen)

Manche Menschen hören nicht und können deshalb auch nicht verstehen. Ein Mensch hört oft etwas nicht, weil er organisch nicht mehr so gut hören kann und/oder der andere zu leise gesprochen hat. Das ist meist bei älteren Menschen der Fall. Wenn wir merken, dass jemand komisch oder gar nicht reagiert, dann können wir das Gesagte einfach wiederholen, langsamer und in einem etwas lauteren Ton. Wichtig ist aber, dass der Ton geduldig bleibt, auch wenn wir es öfters noch langsamer wiederholen müssen. Manche Menschen denken langsamer und brauchen deshalb länger. Wenn wir dafür Verständnis haben und dementsprechend handeln, dann ist eine Kommunikation mit diesen Menschen kein Problem.

Es gibt auch Kinder, die nichts oder kaum etwas hören, weil es organisch nicht möglich ist. Aber es gibt auch Kinder, die scheinbar nicht hören. Sie befolgen Befehle nicht, weil sie gerade mit etwas anderem beschäftigt sind und die Anweisung nicht aufnehmen. Und dann gibt es Kinder, die sehr wohl hören, was gesagt wird, aber so tun, als ob sie es nicht gehört haben. Wenn sie z. B. die Anweisung „Räum dein Zimmer auf!" nicht gehört haben, denken sie, dass sie es nicht tun müssen. Dafür sollten wir Verständnis haben, denn Strafen und Schimpfen helfen hier nicht. Besser ist es, zu hinterfragen, was es dem Kind so schwer macht, das Zimmer aufzuräumen. Vielleicht braucht es genauere Anweisungen oder etwas Hilfe. Wenn wir das so sehen, können wir das Kind verstehen.

Das trifft natürlich nicht nur auf Kinder zu. Es gibt auch erwachsene Menschen, die ganz bewusst etwas nicht oder falsch verstehen (wollen). Sie möchten ihr Gegenüber vielleicht ärgern oder sie wollen sich etwas Unangenehmem entziehen. Sie meinen, der andere merkt nicht, dass sie sich verstellen. So haben sie die Chance, dass sie nicht auf das Problem eingehen müssen, das der andere anspricht oder die unangenehme Tätigkeit nicht erledigen müssen. Manchmal ist es auch so, dass jemand sich mit dem anderen aussprechen will, der andere aber nicht versteht, warum eine Aussprache überhaupt notwendig ist. Wenn wir das verstehen, dann müssen wir uns nicht ärgern. Wir können einfach einen anderen Weg wählen.

In unserer hektischen Welt sind Missverständnisse vorprogrammiert, weil wir einander oft nicht mehr richtig zuhören. Wir sind mit den Gedanken schon bei unserer nächsten Handlung und hören nur mit einem Ohr zu, was uns unser Gegenüber sagt oder fragt. So kommt es, dass wir manchmal etwas falsch verstehen, eine unsinnige Antwort geben oder die Anweisung anders ausführen als gewollt. Wenn wir wissen, dass der andere nicht ganz bei uns war, dann können wir Verständnis dafür haben. Wir können ihn z. B. bitten, uns in die Augen zu schauen, während wir etwas sagen. Wir können ihn um Achtsamkeit und Rücksichtnahme bitten.

Nachfolgend eine Geschichte, in der deutlich wird, was mit Achtsamkeit gemeint ist.

Ein buddhistischer Meister wurde einmal gefragt, warum er trotz seiner vielen Beschäftigungen immer so glücklich sein könne. Er sagte: „Wenn ich stehe, dann stehe ich, wenn ich gehe, dann gehe ich, wenn ich sitze, dann sitze ich, wenn ich esse, dann esse ich, wenn ich liebe, dann liebe ich..." Dann fielen ihm die Fragesteller ins Wort und sagten: „Das tun wir auch, aber was machst du darüber hinaus?" Er sagte wiederum: „Wenn ich stehe, dann stehe ich, wenn ich gehe, dann gehe ich, wenn ich sitze ich, wenn ich esse, dann esse ich, wenn ich liebe, dann liebe ich..." Wieder sagten die Leute: „Aber das tun wir doch auch!" Er aber sagte zu ihnen: „Nein, wenn ihr sitzt, dann steht ihr schon, wenn ihr steht, dann lauft ihr schon, wenn ihr lauft, dann seid ihr schon am Ziel."

aus: https://www.achtsamerleben.de/achtsamkeit/

Es ist wichtig, unsere Gedanken immer bei dem zu haben, was wir gerade tun. Wenn wir noch tausend Dinge zu erledigen haben, können wir uns diese auf einen Zettel schreiben, so dass wir sie nicht vergessen. Unsere Gedanken sind dann frei und wir können uns ganz auf eine Sache konzentrieren und können sie dadurch auch besser verstehen.

... uns dem Allmächtigen zuwenden

In der Bibel (Lukas 24, 45) steht: „Daraufhin öffnete er ihnen die Augen für das Verständnis der Schrift." Viele Menschen lesen die Bibel, können damit aber nichts anfangen, weil sie sie die Zusammenhänge nicht verstehen oder nicht über die Gleichnisse nachdenken. Es gibt auch oft mehrere Deutungsmöglichkeiten. Genauso ist es auch mit anderen religiösen oder spirituellen Schriften. Es bedarf oft einer besonderen Gnade und Entwicklung, um geistliche und spirituelle Dinge zu verstehen und erfassen zu können. Die Seele muss so weit sein, sich darauf einzulassen. Erst dann kann man bestimmte Lehren erst wirklich verstehen. Meist müssen wir diese Schriften öfters lesen, denn bei jedem Lesen verstehen wir etwas mehr. Eine Frau erzählte mir, dass sie das Buch eines spirituellen Führers von Hand abgeschrieben hat, um es zu verstehen und zu verinnerlichen. In diesem Zusammenhang sei auch noch gesagt, dass Verstehen und Tun zusammenhängen. Wir können z. B. Dutzende spirituelle Bücher lesen und meinen, sie verstanden zu haben, doch es wird sich in uns nichts bewegen, wenn wir das, was wir gelesen haben, nicht auch verinnerlichen und danach leben. Das Wort Gottes muss in unserem Herzen Platz finden und gepflegt werden, nicht nur mit unseren Gedanken gestreift werden. Für viele Menschen ist es auch wichtig, mit anderen Menschen darüber zu reden. Auch dadurch wird das Verständnis weiter vertieft.

Früher war es für die Leute ganz wichtig, jeden Sonntag den Gottesdienst zu besuchen. Sicherlich bekamen viele Menschen Kraft im Gottesdienst. Ich bin aber überzeugt, dass auch viele Menschen nur zur Kirche gingen, weil sie Angst hatten, ansonsten eine Sünde zu begehen. Gott wurde lange Zeit von der Kirche als strafender Gott dargestellt.

So ist es nicht verwunderlich, dass viele Menschen Angst vor Gott hatten oder immer noch haben. Mit Angst kann keine Beziehung aufgebaut werden. Es ist aber möglich, ein anderes Verständnis von Gott zu bekommen und danach ein neues Gottesbild aufzubauen. Mit einem neuen Verständnis verstehen wir vielleicht, wer oder was Gott wirklich ist und verlieren unsere Angst. Wir können entdecken, wie wir zu Gott wirklich eine Beziehung aufbauen können. Dann verstehen wir auch, was beten ist. Wichtig ist, dass wir keinen Groll zu den Personen herstellen, von denen wir das für uns nicht mehr stimmige Gottesbild haben. Wir müssen Verständnis dafür haben, dass sie einfach das weitergegeben haben, was ihnen gelehrt wurde.

... und die Vielfalt erkennen

Jeder Mensch hat andere Begabungen und andere Interessen. Wenn wir in verschiedene Häuser kommen und uns die Bücherregale anschauen, so sehen wir, dass in jedem Haus andere Bücher stehen. Bei einer Hausfrau, die gerne kocht, stehen Kochbücher. Bei einem Psychologen finden wir psychologische Bücher oder bei einem Professor für Physik Bücher, die physikalische Themen zum Inhalt haben. Wenn wir z. B. als Psychologe in das Regal des Physikprofessors greifen, um uns eine

Lektüre zu holen, werden wir nur Bahnhof verstehen, denn wir kennen uns in der Materie Physik nicht aus, während der Physikprofessor in den Büchern jedes Wort versteht. Wenn wir ein einfach denkender Mensch sind, werden wir hochkomplizierte Bücher nicht verstehen. Wenn wir in einem bestimmten Milieu zuhause sind, werden wir kein anderes verstehen. Ein Mann erzählte mir einmal, dass er nicht kochen kann. Ich empfahl ihm, ein Kochbuch zu kaufen. Er konnte aber trotz Kochbuch nicht kochen, weil er die Vorgänge des Kochens nicht verstand. Dafür musste ich Verständnis haben und nicht weiter versuchen, ihn davon zu überreden, es doch noch einmal zu versuchen.

Legasthene Mensche haben oft ein großes Verständnis für technische Geräte. Sie können z. B. Dinge ohne Anleitung zusammenbauen, weil sie sofort wissen, wo welches Teil hinkommt. Wer diese Begabung hat, muss Verständnis und Geduld für Menschen aufbringen, die dafür zwei „linke Hände" haben. Jeder ist in seinem Gebiet stark.

Etwas zu lernen oder zu lehren braucht Zeit, Geduld und Verständnis. Wenn ein Kind z. B. eine Matheaufgabe nicht versteht, brauchen wir erst einmal Verständnis für das Kind. Mit Geduld können wir ihm dann die Aufgabe beibringen. Einem Kind mit Rechenschwäche fehlt z. B. das Verständnis zur

Welt der Mathematik. Es müssen Wege gefunden werden, dem Kind die Aufgabe so zu erklären, dass sie verstanden wird. Bei Schulproblemen hängt es oft von der Reaktion und dem Verständnis der Eltern und Lehrer ab, ob ein Kind Schulfrust bekommt oder nicht. Für Kinder anderer Eltern können wir oft mehr Verständnis und Geduld aufbringen als für die eigenen.

Wenig Verständnis wird auch oft für hyperaktive Kinder aufgebracht. Doch wenn wir wissen, warum das Kind sich so verhält, dann werden wir Verständnis haben und wir können ihm dann auch helfen.

Gehen wir noch zu einer anderen Bedeutung des Begriffes Verständnis. Wenn Kinder (meist sind sie schon erwachsen) ihren Eltern mitteilen, dass sie ein Transgender sind, dann fällt für die Eltern oft eine Welt zusammen. Sie können das nicht verstehen. Es dauert, bis man die Tochter als Sohn und umgekehrt akzeptieren kann. Das ist oft ein langer Prozess. Wir können nicht verstehen, was in diesen Menschen vorgeht. Wir wissen nicht, wie sie sich in ihrem Körper fühlen, warum und wie sie merken, dass sie im falschen Körper sind. Wir können es nicht verstehen, weil wir es nicht nachempfinden können. Genauso ist es bei homosexuellen Paaren. Wir können es nicht nachempfinden und nicht verstehen, wenn wir selbst heterosexuell sind. Aber was wir tun können, ist, Verständnis für diese Leute aufzubringen und ihre Entscheidung zu akzeptieren.

Unsere menschliche Kommunikation basiert auf dem Ziel des gegenseitigen Verstehens. Besonders in sozialen Berufen ist es notwendig, die Beweggründe des menschlichen Verhaltens zu verstehen, aber auch sonst. Wenn z. B. in einer Partnerschaft der Partner es nicht so mit dem Putzen hat und die Partnerin peinlichste Sauberkeit verlangt und kein Verständnis dafür hat, wenn sein Schreibtisch nicht aufgeräumt ist, während er kein Verständnis hat, wenn seine Frau immer alles sofort wegräumt, kann die Ehe nicht gelingen. Nur wenn der eine Verständnis für den andern zeigt, ist ein Miteinander möglich. Eltern räumen manchmal alles weg, was so rumliegt. Wenn das Kind vom Spiel wegläuft, um später wieder weiterzuspielen, ist alles weggeräumt, bis es wieder kommt. Wie soll das ein Kind verstehen? Als Eltern ist es wichtig, Verständnis dafür zu haben, dass das Kind später an der Stelle weiterspielen möchte. Und dem Kind muss vielleicht das Verständnis gegeben werden, dass es ein Spiel beendet, bevor es ein nächstes beginnt.

Kommen wir zum Perfektionisten. Diese Menschen sind eigentlich ständig unter Druck, weil sie immer meinen, alles perfekt machen zu müssen. Wenn wir als Perfektionist ein entspannteres Leben haben möchten, müssen wir verstehen, dass wir nicht alles bis ins kleinste Detail wissen und verstehen müssen. Wir können einfach akzeptieren, dass etwas so ist. Wir müssen auch nicht fehlerfrei sein. Fehler gehören zum Leben. Als ein Mensch, der mit einem Perfektionisten zu tun hat, müssen wir Verständnis haben, dass da mit Lockerheit nicht viel zu machen ist.

Nun zu einem ganz anderen Gebiet - der Kunst. Als ich neulich mit einer Bekannten den Skulpturenweg (ein Weg, auf dem in gewissen Abständen Werke von Künstlern am Straßenrand aufgestellt sind) gelaufen bin, fanden wir dort schon manchmal seltsame Gebilde. Wir fragten uns beide, was die Teile bedeuten sollten. Wir konnten es nicht verstehen, weil keine Beschreibung dabei war. Kunstgegenstände kann man oft nur verstehen, wenn der Künstler uns mitteilt, was er damit meint. Erst dann geben sie Sinn. Das Verständnis von Kunst ist nahezu bei jedem Menschen ein anderes. Der eine betrachtet ein Kunstwerk und ist davon hin und weg, ein anderer kann mit dem Kunstwerk überhaupt nichts anfangen. Die Kunst diente zur Erkenntnis der Welt. Sie hat sich im Laufe der Jahre sehr geändert. Es geht nicht nur darum, ein grandioses Werk zu erstellen; es muss anschließend anderen Menschen auch vermittelt werden. So entsteht ein besseres Verständnis für das Kunstwerk, wodurch es noch mehr bewundert werden kann oder eine intensivere Auseinandersetzung mit ihm möglich ist. Paul Klee sagte: „Kunst gibt nicht das Sichtbare wieder, sondern macht sichtbar." Das Verständnis von Kunst ist nicht in Worte zu fassen. Kunst ist nicht zu definieren. Deshalb gibt es kein allgemeines Verständnis von Kunst.

Viele Menschen finden ihren kreativen Weg, der ihnen das Seelenleben eröffnet in der Kunst. Dabei geht es nicht nur um Kunstobjekte. Es gibt viele Wege, sich künstlerisch auszudrücken. Das kann die Bühne sein, es kann ein Instrument sein, der Pinsel oder ein Meisel. In der Kunst kann jeder Mensch seine kreativen Ideen umsetzen und seinen eigenen Stil entwickelt. Die Menschen verlieren sich immer mehr in der digitalen Welt. Beim Betreiben von Kunst kommen sie wieder zu sich. Auch Musik ist Kunst. Ich meine dabei nicht eine ständige Berieselung mit Musik, sondern ein ganz gezieltes Lauschen von Musik. Wer Klassik liebt, dem verleiht ein Konzert von Mozart Flügel. Diese Musik hat bestimmte Wellen und kann bei Gefallen in die vollständige Entspannung führen. Es gibt sogar Musik, bei der man bis zur höchsten Erregung, dem Orgasmus kommt. Wer jedoch kein Verständnis für Musik hat, wird nicht dahin kommen. Der Kirchenmusiker Helmuth Rilling sagte: „Musik darf nie bequem sein, nicht museal, nicht beschwichtigend. Sie muss aufrütteln, die Menschen persönlich erreichen und sie zum Nachdenken bringen."

Musik kann die Seele in Bewegung setzen und den Menschen verzaubern. Sie kann auch wie Medizin wirken, kann unterstützend beim Therapieren von Depressionen eingesetzt werden. Sogar körperliche Schmerzen lassen sich durch musikalische Klänge lindern; Konzentration, Gedächtnis und Kreativität lassen sich steigern. Aber nicht alle Musikrichtungen tun der Seele gut. Musik kann auch Stress erzeugen und den Blutdruck in die Höhe treiben. Klassische Musik besitzt die stärkste Heilkraft, aber nur, wenn der Mensch die Musik versteht, sie liebt. Ansonsten ist er komplett überfordert, wenn er dieser Musik zuhören soll. Er liebt vielleicht Pop- oder Rockmusik. Wir müssen verstehen, dass auch diese Musik helfen kann, z. B. beugt sie bei eintönigen Arbeiten der schnellen Ermüdung vor. Heavy Metal und Technomusik haben jedoch keinerlei Heilkraft. Wenn man Pflanzen diese Musik vorspielt, gedeihen sie weniger. Wenn sie dauernd damit beschallt werden, gehen sie sogar ein. Trotzdem müssen z. B. Eltern Verständnis für ihr Kind haben, wenn es mal kurz diese Musik aufdreht, genauso wie der Jugendliche Verständnis haben muss, wenn die Mama am Klavier sitzt.

Wir sehen, der Begriff Verständnis ist sehr weit gefasst. Es gibt viele verschiedene Arten von Verständnis und Verstehen. Aber jede Art von Verständnis führt zu einem angenehmeren Leben.

Schlusswort

Dankbarkeit - Liebe - Mitgefühl
Wertschätzung - Vergebung - Verständnis.

ich habe diese Worte ausgewählt, weil sie meiner Meinung nach unerlässlich für ein l(i)ebenswertes Leben sind. Wir haben nun die einzelnen Worte und Bedeutungen näher kennengelernt, uns mit ihnen beschäftigt und dabei festgestellt, dass jedes dieser Worte für sich allein steht und doch zu den anderen Worten dazugehört, nicht alleine auftreten kann. Eins bedingt das andere. Ich kann keine Dankbarkeit ausüben, wenn ich keine Liebe in mir habe. Genauso wenig kann ich mit einem Menschen mitfühlen, wenn ich ihn nicht wertschätze. Ich kann auch nicht vergeben, wenn ich kein Verständnis für den habe, dem ich vergeben möchte.

So wünsche ich uns allen, dass wir und noch viele andere Menschen diese Werte wieder neu entdecken und dadurch die Menschheit menschlicher machen.

Bleibt euch treu und bleibt in der Liebe!

Quellenverzeichnis

https://www.corinnamariapfitzer.com/wie-der-kontakt-zum-inneren-kind-deine-lebensfreude-im-alltag-staerkt/

https://www.mimikama.at/aktuelles/briefe-an-lieserl-von-einstein/

Weitere Bücher der Autorin

ADHS Zappelphillipp
ISBN 9783839147184

ADHS Kinder haben es nicht leicht in unserem Schulsystem. Viele Eltern und Lehrer verzweifeln, weil sie nicht wissen, wie sie mit dem Kind umgehen sollen. Oft werden diese Kinder hart bestraft. Doch ohne Strafe geht es viel besser. Näheres dazu erfahren Sie in diesem Buch. Es ist für all die Personen geschrieben, die bei der Erziehung eines ADHS Kindes mitwirken. Sie erfahren, was ADHS bedeutet, wie es entstehen oder verstärkt werden kann, welche komorbiden Störungen ADHS begleiten, wie das Kind sich fühlt und wie man ihm helfen kann. Es werden dabei viele Möglichkeiten erwähnt. Die Autorin ist Lerntherapeutin und arbeitet fast ausschließlich mit „schwierigen" Kinder

Lesen, Schreiben & Co., Band I
ISBN 9 783863571245

Sie können Ihrem Kind umso erfolgreicher beim Schreiben und lesen helfen, je mehr Sie verstanden haben, was bei diesem Prozess passiert und wie Sie ihn fördern können. Speziell dafür hat Agatha Müller eine Buchreihe entwickelt. Die Autorin arbeitet schon seit vielen Jahren mit Kindern jeden Alters, um deren Schul- bzw. Lernprobleme zu beheben. In diesem ersten Band erklärt Müller was Lesen und Schreiben bedeutet, was dabei im Gehirn passiert und welche Bedingungen erfüllt sein müssen, damit es gelingen kann. Im Buch werden zudem verschiedene Methoden und Herangehensweisen vorgestellt. In leicht verständlicher Sprache werden anhand von Fallbeispielen aus der eigenen Praxis sowie mithilfe von zahlreichen Abbildungen den Eltern konkrete Unterstützungsmöglichkeiten nachvollziehbar und umsetzbar angeboten. Ein Buch für alle Eltern, die ihre Kinder beim Erwerb der Lese- und Schreibfähigkeit verstehen und die passende Unterstützung geben wollen.

Lesen, Schreiben & Co, Band II
ISBN 9783863571245

Sie können mit Ihrem Kind umso erfolgreicher lernen, je mehr Sie verstanden haben, was bei diesem spannenden Prozess passiert und wie Sie ihn fördern können. Speziell dafür hat die Lerntherapeutin und beratende Kinderpsychologin Agatha Müller eine Buchreihe entwickelt.. In diesem ersten Band erklärt Müller was Lesen und Schreiben bedeutet, was dabei im Gehirn passiert und welche Bedingungen erfüllt sein müssen, damit es gelingen kann. Anhand von Fallbeispielen aus der eigenen Praxis sowie mithilfe von zahlreichen Abbildungen werden den Eltern konkrete Unterstützungsmöglichkeiten nachvollziehbar und umsetzbar angeboten. Ein Buch für alle Eltern, die ihre Kinder beim Erwerb der Lese- und Schreibfähigkeit verstehen und die passende Unterstützung geben wollen.

Rechnen, Mathe & Co, Band I
ISBN 9783740735135

Sie können Ihrem Kind umso erfolgreicher helfen, je mehr Sie verstanden haben, was bei dem mathematischen Prozess passiert und wie Sie ihn fördern können. Mit diesem Buch haben Sie die Möglichkeit, diese Kompetenz zu erwerben. Sie erfahren darin, was Rechnen bedeutet, welche Bedingungen erfüllt sein müssen, damit es gelingen kann und wie typische Lernschwierigkeiten behoben werden können. Zudem wir Ihnen gezeigt, wie Sie Ihr Kind die Welt der Zahlen so entdecken lassen können, dass es ihm Spaß macht. Ob Zählen, Addition, Subtraktion oder Einmaleins, werden anhand von Fallbeispielen konkrete Unterstützungsmöglichkeiten nachvollziehbar und umsetzbar dargestellt. So lernen Sie auch die typischen Fehler Ihres Kindes zu analysieren und erfahren, wie Sie diese reduzieren können.

Rechnen, Mathe & Co.
ISBN 9783740748906

Wer Mathematik versteht, tut sich leichter. Und das beginnt schon in der Grundschule. Wie können Sie als Eltern Ihr Kind bei seinen grundlegenden Erkundungen in der mathematischen Welt begleiten und unterstützen? Ob Sach- oder Textaufgaben, ob der Umgang mit Geld und Zeiteinheiten, die Geometrie, das Umrechnen von Maßen und Gewichten, Agatha Müller erklärt all das in leicht verständlicher Sprache, so dass sie es dem Kind gut nahebringen können und dass es sogar Freude daran hat. Als Wegweiser und Standortbestimmungen dienen Ihnen Fallbeispiele sowie zahlreiche Abbildungen. So erfahren Sie z. B. , wie es ihrem Kind gelingt, nicht mehr immer an der gleichen Stelle in die Irre zu gehen oder wie das Kind Lust aufs Wandern durch die Rechenwelt bekommt. Zusammen mit dem ersten Band deckt die Autorin den kompletten Lerninhalt der Grundschule ab.

Hausaufgaben-Allergie
ISBN 9783740711054

Hausaufgaben – ein Wort, das in vielen Familien den immer gleichen unerfreulichen Ablauf hervorruft. Doch das Problem lässt sich lösen. Hausaufgaben machen geht auch ohne Stress und Ärger. Für Müller fängt das beim Verständnis von grundsätzlichen Fragen an, z. B. wozu Hausaufgaben dienen, wie diese in die Freizeitintegriert werden können und wer die Verantwortung trägt. Abgeleitet vom Lernverhalten der Kinder gibt die Autorin den Eltern leicht umsetzbare Empfehlungen für den Umgang mit Hausaufgaben. Das Buch widmet sich auch Machtkämpfen, dem Umgang mit Kindern, die eine Lernblockade, Lernstörung oder ADHS haben. Nicht nur in diesen Fällen ist es wichtig, dass alle zusammenarbeiten. Je besser dieses Zusammenspiel klappt, desto leichter fällt die Erledigung der Hausaufgaben.

Agatha Müller

L A C H E N
verändert dein Leben!

Es ist so einfach!

**Lachen verändert dein Leben
ISBN 9783740762933**

Haben Sie heute schon gelacht?
Viele Erwachsene haben das Lachen verlernt. Dabei ist Lachen so gesund. Lachen kann Ihr Leben verändern! Die Autorin zeigt in diesem Buch Möglichkeiten auf. Lachen hat einen großen Einfluss auf Körper und Seele. Es kann durch verschiedene Reize ausgelöst werden und ist ansteckend. Agatha Müller untersucht, was beim Lachen im Gehirn passiert, wie sich Kitzeln auswirkt und warum wir bei Witzen lachen. Als Clown weiß sie, wie dieser Menschen zum Lachen bringt uns die dabei heilt. Als Lerntherapeutin und beratende Kinderpsychologin ist ihr klar, dass es sinnvoller ist, mit Humor statt mit Strafen zu erziehen und dass das Lernen mit Spaß leichter gelingt und nachhaltiger ist. Zum Schluss erläutert die Autorin an eigenen Beispielen, wie leicht es ist, mit einem Lächeln die Welt ein bisschen besser zu machen.

Eigene Notizen des Lesers